HISTOIRE

DE LA

GUERRE D'ITALIE

EN 1859

GUERRE D'ITALIE.

Bataille de Solferino.

HISTOIRE

DE LA

GUERRE D'ITALIE

EN 1859

PRÉCÉDÉE

D'UN COUP D'ŒIL SUR LA QUESTION ITALIENNE
ET SUR LES CAUSES DE LA GUERRE

PAR J.-J.-E. ROY

TOURS

Ad MAME ET Cie, IMPRIMEURS-LIBRAIRES

—

M DCCC LIX

HISTOIRE

DE LA

GUERRE D'ITALIE EN 1859

INTRODUCTION

COUP D'ŒIL SUR LA QUESTION ITALIENNE, ET SUR LES CAUSES
QUI ONT AMENÉ LA GUERRE ACTUELLE.

Avant de commencer le récit de la brillante et rapide campagne que notre armée vient de faire en Lombardie, il est nécessaire, pour se rendre compte des causes de cette guerre, de jeter un coup d'œil rapide sur l'état de ce qu'on appelle la *question italienne* au commencement de cette année. Voici ce que dit à ce sujet un écrivain dont les appréciations nous paraissent aussi justes qu'impartiales :

« Quand on regarde au fond de toutes les agitations qui composent depuis tant d'années la vie convulsive et mystérieuse de l'Italie, il est impossible de n'être pas arrêté aussitôt par une cause essentielle, par une anomalie permanente et périlleuse, source et mère de toutes les autres. Cette anomalie est la domination étrangère qui pèse sur la plus grande partie de ce beau pays. Depuis plus de quarante ans, il y a entre le Pô et le Tagliamento, deux des plus belles et plus fertiles provinces, deux États à vrai dire, la Lombardie et la Vénétie, qui, avec une population de près de six millions

1

d'hommes, et avec des villes telles que Milan, Venise, Vérone, Mantoue, Pavie, ne s'appartiennent pas. L'Autriche a l'avantage ou le malheur de posséder ces régions du nord, qui, par leur position, devraient être le bouclier de la Péninsule, et qui en sont au contraire la partie faible, puisque par elles la clef de l'Italie est entre les mains d'un maître qui est à Vienne. Et ce qu'on nomme la domination étrangère au delà des Alpes, ce n'est pas seulement la présence des Autrichiens à Milan et à Venise, c'est l'extension indéfinie d'une influence intéressée sous laquelle disparaît l'indépendance de la plupart des autres États italiens eux-mêmes. L'Autriche défend ses positions et sa politique comme un grand empire qui croit son honneur engagé : qui pourrait en être surpris? L'esprit national résiste à son tour, et là est vraiment le nœud de la question italienne (1). »

Mais, avant d'aller plus loin, les droits de l'Autriche sur l'Italie sont-ils le résultat de l'hérédité ou de la conquête? Ont-ils un caractère incontestable, légitime, qui les rende inattaquables au point de vue de la morale et de la justice? Sans doute, historiquement parlant, la situation de l'Autriche en Italie se rattache au passé par quelques liens; mais politiquement, dans ses traits principaux, dans ses conditions actuelles, au point de vue du caractère de la domination autrichienne et des impossibilités que rencontre cette domination, elle est un fait tout moderne.

Autrefois, avant la révolution de 1789, le Milanais,

----

(1) M. Charles de Mazade, *Revue des Deux-Mondes*, 1er février 1859.

comme la Toscane et quelques autres petits États d'Italie, étaient gouvernés par des princes qui reconnaissaient la suzeraineté, non de la maison d'Autriche, mais du saint-empire romain ; dans les pays où le cabinet de Vienne exerçait plus directement son autorité, comme dans la Lombardie, il avait l'art de gouverner doucement les populations, sans les brusquer, en leur laissant une vie distincte, des institutions locales, une assez grande liberté dans le maniement de leurs intérêts aussi bien que dans toutes les recherches de l'esprit, enfin une sorte d'indépendance complète dans le bien-être et les plaisirs. Mais l'Autriche rentrant en Italie en 1814 et 1815, ce n'était plus le vieux saint-empire retrouvant son prestige au delà des Alpes et étendant de nouveau sa suzeraineté sur le Milanais. L'empire d'Allemagne n'existait plus depuis dix ans. L'Autriche avait renoncé d'elle-même à la dignité et aux priviléges impériaux ; elle ne pouvait à ce titre exercer aucune revendication légitime, et elle ne le tenta même pas. Son titre unique est dans les fameux traités de 1815. L'origine de son établissement actuel en Italie est une révolution consentie par les *hautes puissances alliées*, sans daigner consulter ceux que cela intéressait le plus, dans cette grande adjudication des âmes et des territoires qui eut lieu au congrès de Vienne. C'est un point essentiel à noter, car il marque une situation toute nouvelle, qui ne se fonde nullement sur le droit traditionnel, sur une légitimité interrompue et rajeunie, sur le droit de conquête, ou sur un contrat synallagmatique entre le sujet et le souverain ; mais qui dérive uniquement et exclusivement du droit souverain

et victorieux de la force. Après 1815, l'empereur d'Autriche n'est plus le chef du saint-empire romain ; ce n'est
plus qu'un souverain allemand, c'est-à-dire étranger,
ayant des possessions en Italie, élargissant ses domaines
dans la mesure de ses ambitions plus que de ses intérêts
bien entendus peut-être, et allant camper non-seulement
à Milan, où il pouvait à la rigueur retrouver des souvenirs, mais encore à Venise, où ne le rappelait aucune
tradition. Cette distinction n'a rien de subtil et d'arbi-
traire ; elle dévoile d'avance dans le germe la nature
précaire et contestée, la faiblesse secrète et permanente
de la domination autrichienne, et elle explique aussi
quel sentiment devait naître en Italie, dans un pays qui
se voyait transmis de main en main, sans avoir même
été conquis, car l'Autriche n'avait pas conquis l'Italie
en 1814. De là une lutte ostensible ou dissimulée, mais
incessante, entre un pouvoir d'autant plus porté à s'affirmer et à exagérer son action, qu'il sentait une résistance plus profonde, plus insaisissable, et un sentiment
national qui n'a fait que s'accroître en se nourrissant de
tous les griefs que des concessions apparentes ont enhardis
quelquefois, et que les compressions n'ont jamais dé-
couragés. C'est l'histoire de ces quarante années.

Peut-être l'Autriche aurait-elle pu pacifier les esprits
et désarmer les hostilités en revenant aux traditions du
gouvernement paternel de Marie-Thérèse et des premiers souverains de la maison de Lorraine ; mais, placée
malheureusement dans des conditions où tout était nouveau, n'ayant peut-être pas une confiance assurée dans
son droit, ni dans l'espoir de gagner les Italiens, elle

crut qu'il n'y avait plus qu'à traiter ses possessions au
delà des Alpes moins comme des provinces faisant
partie de l'empire que comme un pays annexé par la victoire et mal soumis. Au lieu de laisser à ces populations
une certaine autonomie d'institutions et d'intérêts qui
eût flatté leur instinct de nationalité sans désarmer
l'autorité impériale, le cabinet de Vienne ne songea plus
qu'à gouverner la Lombardo-Vénétie pour l'Autriche et
par l'Autriche. De là l'organisation d'une bureaucratie
étroite, formaliste, pénétrant dans l'intimité de la vie
privée, enveloppant le pays dans un réseau de surveil-
lance méticuleuse, et l'exclusion des Italiens de la plupart des fonctions d'administration et de gouvernement.
De là une centralisation exagérée, tyrannique, qui faisait
décider à Vienne jusqu'aux plus minimes questions d'administration, et tout exécuter par des mains allemandes
dans la Lombardo-Vénétie. Les soldats italiens étaient
dispersés dans toutes les parties de l'empire, en Moravie,
en Bohême, en Transylvanie, et les soldats allemands
campaient à Milan et à Venise. Les Lombards étaient
également exclus des emplois civils; un système évident
de défiance pesait sur eux. L'élément autrichien préva-
lait partout, même dans les tribunaux, où l'on avait le
soin de mettre une majorité allemande.

Malheureusement, si les habitants du royaume lombardo-vénitien n'avaient qu'une petite part dans l'administration des affaires de leur propre pays, ils par-
ticipaient beaucoup, d'un autre côté, aux charges
publiques. Les taxes directes et indirectes s'accroissaient
tous les jours, et étaient aggravées encore par l'inégalité

des répartitions. Un impôt local décrété pour une circonstance extraordinaire devenait fatalement un impôt permanent. La Lombardo-Vénétie représente un treizième ou un quatorzième de la superficie totale de la monarchie autrichienne, un huitième de la population, et, par une disproportion notable, elle comptait, il y a vingt ans, pour un quart dans le budget général de l'empire, qui était alors de 135 millions de florins; elle payait un peu moins de 100 millions de livres au trésor de Vienne.

Le temps et les événements ont alourdi les charges sans alléger le poids du régime politique. Qu'on songe, en effet, que depuis dix ans les provinces italiennes de l'Autriche ont payé extraordinairement plus de 80 millions de prestations militaires à la suite des événements de 1848 et 1849; elles ont contribué aux emprunts forcés qui se sont succédé sous des noms divers; elles ont dû participer pour 65 millions de florins au fameux emprunt national de 1854, et en même temps elles ont fait face annuellement à un budget ordinaire qui s'élève aujourd'hui à 170 millions de francs. Aussi les contributions n'ont-elles cessé de s'accroître. L'impôt foncier, qui était de 17 pour 100 en 1846, a monté jusqu'à 40 pour 100 en certaines années; et au commencement de 1859 il n'était guère au-dessous de 25 pour 100. Il y avait de plus un impôt sur le revenu mobilier. Les taxes indirectes ont suivi la même progression. Les droits de mutation, de succession, ont été augmentés d'un tiers. Tout a été soumis au droit de timbre fixe, même les certificats scolaires et les calendriers. Le budget particulier de la Lombardie en ces dernières années approchait de 100 millions, sans compter les dépenses provinciales et communales. La ville seule de Milan a un budget de 9 à 10 millions; on pourrait remarquer seulement que certaines dépenses communales déguisent à peine des charges d'un autre ordre qu'il faudrait joindre au budget de la guerre : prestations, frais de logements militaires, transports de munitions, etc. Ces chiffres sont la lumineuse révélation d'un fait. On ne peut le nier, depuis 1815 les provinces lombardo-vénitiennes sont un pays gouverné, administré, jugé, surveillé, soumis par des Allemands et dans l'intérêt allemand, avec des ressources qui épuisent ces populations, et qui deviennent tous les jours insuffisantes pour cette œuvre de conquête permanente (1).

Quel a été le résultat de ce système d'administration et de finance qui a constitué malheureusement toute une politique? Les Lombards, accablés d'impôts, se sont nourris de plus en plus de leurs mécontentements. Exclus de toutes les sphères régulières de l'activité publique, ils se sont réfugiés en eux-mêmes; ils se sont rejetés quelquefois dans les frivoles corruptions de l'oisiveté, et plus souvent dans les conspirations. Ils eussent peut-être su peu de gré à l'Autriche de ses avances, ils ont saisi avidement chaque nouveau grief qu'elle leur donnait comme pour raviver sans cesse l'instinct du patriotisme froissé. Et dans de telles conditions, qu'une réforme monétaire vienne ajouter à des charges déjà lourdes, que des aggravations nouvelles viennent rendre

(1) M. Charles de Mazade, *Revue des Deux-Mondes*, 1er février 1859.

plus sensible le poids de la conscription militaire,
comme on l'a vu récemment, il n'en faut pas plus
pour que toutes les incompatibilités éclatent à la
fois.

L'Italie présente un phénomène extraordinaire, celui
d'une nation au-dessus de laquelle la conquête passe
sans l'atteindre, et qui, repliée en elle-même, semble
impénétrable à l'influence étrangère qui la domine. On
peut énumérer toutes les faiblesses des Italiens, leur
passion de discordes et de divisions, leur mobilité et
leur fanatisme; c'est quelque chose cependant, même
dans la politique, que ce sentiment de nationalité obstiné
et invincible se défendant comme il peut, quelquefois
puérilement, souvent par la résistance passive, et opposant une protestation perpétuelle à une domination
étrangère.

Mais ce qu'il y a de plus grave encore, comme nous
l'avons dit, c'est que l'Autriche au delà des Alpes, ce
n'est pas seulement l'Autriche à Venise et à Milan, c'est
l'influence autrichienne enveloppant la plupart des autres
États de l'Italie, identifiant des situations et des intérêts
profondément distincts. L'Autriche est dans la Lombardie et dans la Vénétie sous la sanction d'un verdict du
congrès de Vienne, et, de plus, les traités de 1815 et de
1817 lui ont donné ce qu'on pourrait appeler des positions avancées, telles que le droit de tenir garnison à
Ferrare et à Comacchio dans les États pontificaux, à
Plaisance dans le duché de Parme, aux deux extrémi-
tés de sa ligne de défense. Strictement, c'est là son droit
aux yeux de l'Europe; mais à ce droit strict et primitif

est venu se superposer tout un droit nouveau ou plutôt
une politique qui n'est, en d'autres termes, que l'extension indirecte et indéfinie de la prépondérance autrichienne. De même que l'Autriche a voulu, par un calcul
dangereux, arracher en quelque sorte ses provinces italiennes aux conditions propres de leur existence pour
les entraîner dans la sphère de l'action et des intérêts de
l'empire, elle a tendu sans cesse à rattacher les autres
États de la péninsule à une politique dont le dernier
mot, à vrai dire, serait un assemblage d'indépendances
nominales sous une suzeraineté réelle et dirigeante. Depuis 1815, le cabinet de Vienne a marché vers ce but
avec autant de persévérance que d'habileté, en se servant de tous les moyens que sa position militaire lui
donnait, ou que les circonstances pouvaient lui offrir.
Quelquefois il s'est servi des intérêts du commerce, et
c'est ainsi qu'il signait en 1852 une union douanière
avec les duchés de Parme et de Modène. Depuis qu'on
fait des chemins de fer, il a multiplié ses négociations et
ses efforts pour coordonner tous les projets ou les lignes
en construction suivant le système impérial. Mais le
témoignage le plus palpable, le plus net de cette politique, c'est l'intervention, l'intervention matérielle,
avec des intermittences qui lui ôtent à peine le caractère
d'un fait systématique et permanent.

Qu'on examine bien. En 1821, l'Autriche intervient
à Naples, et elle y reste six ans. Et cette intervention
n'est pas un fait local. Sous le voile d'un droit de passage pour ses troupes, l'Autriche occupait en réalité
pendant le même temps la Toscane, les duchés, les léga

tions, tandis que, d'un autre côté, la révolution piémontaise l'avait appelée à Alexandrie.

En 1831, la Toscane n'échappait à une occupation
nouvelle que par l'énergie du ministre Fossombroni,
qui refusait de signer un ordre porté au conseil par le
grand-duc lui-même ; mais les Autrichiens intervenaient
à Modène et à Parme, et ils allaient dans les légations
pontificales, où ils sont restés sept ans. Les événements
de 1848 ont ramené la même situation. L'Autriche a
campé à Livourne et à Florence pendant six ans, bien
que le grand-duc eût été rappelé par un mouvement
spontané de la population elle-même ; elle n'a quitté
Parme qu'en 1855, et, après dix années d'occupation,
elle est encore à Bologne et à Ancône (1). Tout bien
compté, depuis 1820, l'Autriche a été pendant près de
vingt-cinq ans dans les légations. Et, il faut bien le remarquer, ce n'est pas seulement une intervention matérielle et préservatrice ; en bien des cas, c'est réellement
une substitution de souveraineté. A Bologne, tous les
pouvoirs civils ont été concentrés entre les mains des
chefs de l'armée d'occupation ; c'étaient des commissions
militaires qui jugeaient à Reggio (duché de Modène), et
à Parme les autorités impériales sont même allées jusqu'à enlever des détenus aux tribunaux locaux pour les
envoyer à Mantoue. L'Autriche a voulu quelquefois fonder ce système permanent d'intervention sur un concert
préétabli entre les États ; c'est ainsi qu'en 1847 elle
signait avec les duchés de Parme et de Modène un traité

---

(1) Elle n'est sortie de ces deux villes qu'à l'arrivée de l'armée française en Lombardie, comme on le verra dans le cours de cette histoire.

d'alliance offensive et défensive, et de secours réciproque.
Le duc de Modène offrait à l'empereur la solide garantie
de son appui ; mais en compensation l'empereur acqué-
rait le droit « de faire avancer des troupes impériales
sur le territoire modenais toutes les fois que l'exigera
l'intérêt de la commune défense ou la *prudence militaire.* »

Partout, en l'examinant avec attention, on verrait la
même politique éclater en traits multipliés. Le traité de
1817 accorde à l'Autriche le *droit de garnison pure et
simple* à Plaisance, et par ses travaux de fortification elle
fait de Plaisance une place de premier ordre. Le congrès
de Vienne a fixé en 1815 la frontière des États autrichiens en Italie, et le traité signé en 1847 avec les duchés
part de ce point, que les États du duc de Modène *entrent
dans la ligne de défense des provinces italiennes de Sa
Majesté l'empereur d'Autriche.*

La politique de l'Autriche au delà des Alpes a des
conséquences funestes pour les États italiens eux-mêmes.
Elle les dépouille aux yeux des peuples de tout prestige
d'indépendance : elle pèse sur eux, et, en leur offrant
un secours matériel, elle multiplie autour d'eux les ini-
mitiés et les haines. Par un enchaînement qui n'a rien
que de simple, plus le poids de l'Autriche se fait sentir,
plus l'esprit populaire s'irrite sous cette pression d'un
pouvoir étranger ; et plus les passions révolutionnaires
s'exaltent à leur tour, plus l'intervention autrichienne
se déploie hardiment, parce qu'elle se sent nécessaire.
Au milieu de ces perplexités qui s'appellent, qui s'en-
gendrent mutuellement, les gouvernements, inquiets,

craintifs, soupçonneux, vivant dans des transes perpé-
tuelles, finissent toujours par se tourner vers l'Autriche,
dont la tutelle les compromet un peu plus. Ainsi vont
les choses. L'Autriche, il faut le dire, l'Autriche est un
poids en Italie, elle n'est pas une influence. Elle rend
aux gouvernements italiens le mauvais service de les
dépopulariser, et elle les tient sous sa dépendance par
les dangers mêmes auxquels elle les expose.

Étrangère au milieu des populations italiennes qu'elle
tient sous son sceptre, plus étrangère encore au milieu
des populations auxquelles elle impose une suzeraineté
indirecte, l'Autriche se soutient sans s'établir. Sa domination est un fait qui se perpétue en étant toujours
contesté.

A côté d'un ensemble de populations et d'États affai-
blis ou exaspérés par la compression, il s'est trouvé un
pays qui est devenu la vivante opposition de tout ce qui
existait au delà des Alpes : c'est le Piémont. De la sorte
on a eu sous les yeux, depuis dix ans particulièrement,
deux Italies : l'une troublée, confuse, irritée par les
déceptions et toujours inquiétante pour elle-même et
pour le repos de l'Europe, par cet amas d'aliments explo-
sifs qu'elle contient; l'autre libre, active, intelligente,
fondant sa tranquillité et sa force sur les satisfactions
données à tous ces vœux, à tous ces sentiments compri-
més ailleurs. Par un contraste de plus, au moment d'une
guerre européenne, tandis que l'Autriche s'attardait
dans des temporisations auxquelles n'était point sans
doute étrangère la préoccupation de ses intérêts trans-
alpins, le Piémont se jetait hardiment et résolùment

dans la mêlée, pensant tout au moins à donner à sa politique le lustre de la gloire militaire. Qu'en est il résulté?
Le rôle du Piémont s'est agrandi; son influence a dépassé ses frontières. Ses institutions lui servaient à
étendre son action du côté de la péninsule, tandis que
sa participation aux affaires de l'Europe lui servait à
faire pénétrer les questions italiennes dans les conseils
diplomatiques. Les instincts d'indépendance, les ma-
laises, les plaintes et les vœux des populations éparses
au delà des Alpes ont trouvé en lui un défenseur et un
organe; la politique autrichienne en Italie a eu un anta-
goniste en quelque sorte reconnu, et le Piémont est
devenu dans l'opinion, comme il était déjà dans ses
espérances et même dans ses ambitions, l'instrument
possible d'une pacification de la péninsule par l'affranchissement à un jour donné.

De tout temps la politique du Piémont a été forcé-
ment anti-autrichienne; mais elle a été surtout confir-
mée dans ces tendances par les traités de 1815. Cette
idée d'antagonisme vis-à-vis de l'Autriche a été en
quelque sorte une maxime d'État pour les hommes politiques piémontais, et non pas seulement pour ceux qu'on
appelle des révolutionnaires, mais pour tous ceux qui
ont l'instinct des destinées de leur pays. Le comte d'Aglié,
ministre du roi de Sardaigne à Vienne, s'en inspirait en
1815 dans une lettre remarquable qu'il adressait à lord
Castlereagh, et où il s'efforçait de rendre sensibles tous
les dangers de la domination impériale au delà des
Alpes. Mais la politique anti-autrichienne du Piémont a
trouvé un auxiliaire des plus imprévus, des plus extra-

ordinaires dans le comte de Maistre lui-même, dont la correspondance diplomatique a révélé un homme si singulièrement hardi. L'incompatibilité de l'Autriche et du Piémont en Italie est l'obsession de son esprit puissant. « Si l'Autriche domine de Venise à Pavie, dit-il, c'en est fait de la maison de Savoie : *Vixit.* » De Maistre ne pouvait se lasser de le répéter; il l'écrivait dans une lettre de 1812 qui a été récemment publiée. « Par la nature même des choses, dit-il, l'Autriche, tant que nous ne changerons ni de force ni de situation respectives en Italie, sera toujours portée par une tendance invincible à s'avancer sur la maison de Savoie, et, pour arriver à ce but, elle profitera de toutes les occasions. L'intérêt le plus évident de la maison de Savoie, intérêt qu'elle partage avec toute l'Italie, c'est sans doute que l'Autriche ne possède rien dans ces contrées, sauf à l'indemniser d'une manière digne d'elle en Allemagne. Il n'y a dans cette proposition rien de contraire au respect dû à l'une des plus grandes maisons de l'univers. On dit seulement, et c'est un fait incontestable, que ses possessions en Italie n'étaient avantageuses ni à elle ni à l'Italie... » On retrouve dans cette lettre la pensée exprimée par Napoléon III dans sa proclamation du 3 mai : « Il faut que l'Autriche domine jusqu'aux Alpes, ou que l'Italie soit libre jusqu'à l'Adriatique. »

Un des plus curieux spectacles contemporains, c'est peut être celui de ce petit pays, mêlé, comme tous les États italiens, au mouvement qui emportait la péninsule en 1847, engagé plus que tous les autres dans une croisade d'indépendance où il dévouait son armée et sa

fortune, atteint d'un désastre accablant, et se retrouvant debout le lendemain avec la liberté de ses institutions et la dignité d'une politique indépendante. Se
réveiller du mauvais rêve de la défaite, reconstituer ses
forces, coordonner des institutions nouvelles, renouveler ses ressources épuisées : voilà les problèmes que le
Piémont avait à résoudre, et il y est à peu de chose près
parvenu dans l'espace de dix années. Pendant cette période, il a fait surtout deux choses qui caractérisent
son rôle et sa situation : il a donné le salutaire exemple
d'un pays qui vit par la liberté sans glisser dans l'anarchie, et il a travaillé à dégager la politique italienne de
la confusion immense où elle était tombée en 1848, pour
la ramener à ce qu'elle a d'essentiel, travailler à l'indépendance nationale de la patrie italienne sans le secours
de la démagogie.

Depuis le jour où la fortune lui fut infidèle à Novare,
le Piémont a tendu sans cesse à refaire sa position en
Europe par des traités de commerce, par des efforts
multipliés pour améliorer ses relations anciennes et
nouer des rapports nouveaux par toutes les garanties
qu'il offrait; et, à mesure qu'il sentait son crédit moral
renaître, sa position s'affermir en Europe, il dévoilait
sa politique vis-à-vis de l'Autriche. Le point de jonction
de ces deux pensées a été la guerre d'Orient, où le Piémont allait hardiment chercher en Crimée le droit d'évo-
quer la cause italienne dans l'assemblée des représentants des grandes puissances européennes. Dès 1853, le
séquestre mis par l'Autriche sur les biens des émigrés
lombards résidant en Sardaigne avait montré, il est vrai,

ce qu'avaient de difficile et de précaire les rapports établis par les derniers traités entre le cabinet de Vienne et le cabinet de Turin ; mais c'est au congrès de Paris surtout que se dessinait et s'avouait l'antagonisme, et M. de Cavour, revenu à Turin, ne dissimulait nullement la gravité de la situation nouvelle. « Les plénipotentiaires de l'Autriche et de la Sardaigne, disait-il au parlement, se sont retirés sans colères personnelles, mais avec l'intime conviction que les politiques des deux gouvernements étaient plus que jamais éloignées de s'entendre, et que les principes des deux pays étaient plus que jamais inconciliables. » Dès ce moment, la situation ne cesse de s'aggraver et de s'aigrir. Les démonstrations d'antipathie et de défiance se succèdent si bien, qu'en 1857 une rupture diplomatique éclate à la suite d'une démarche d'impatience du cabinet de Vienne contre les journaux de Turin et contre toutes les manifestations italiennes. D'incident en incident, la lutte a marché jusqu'au jour où a éclaté la guerre que nous allons raconter.

CHAPITRE I

Le 1er janvier 1859, à la réception du corps diplomatique aux Tuileries, l'empereur Napoléon III, s'adres-
sant à M. de Hubner, ambassadeur d'Autriche, lui dit :
« Je regrette que nos relations avec votre gouverne-
« ment ne soient pas aussi bonnes que par le passé,
« mais je vous prie de dire à l'Empereur que mes senti-
« ments pour lui ne sont pas changés. »

Ces paroles, commentées dans le public, produisirent
une grande sensation dans Paris, et eurent du retentissement dans toute l'Europe. Quoique dans le premier

2

moment on cherchât à faire entendre qu'il ne s'agissait que des différends élevés entre les cabinets des Tuileries et de Vienne au sujet des provinces danubiennes, l'opinion publique en France, comme dans le reste de l'Europe, comprit qu'au fond il s'agissait de la question italienne, question arrivée à un tel point de maturité, que la solution n'en pouvait plus longtemps être différée; seulement il restait encore à savoir si elle pourrait l'être pacifiquement, ou par la voie des armes.

Cependant, dès les premiers jours de janvier, l'Autriche fortifiait ses places en Italie, et y portait son armée à 150,000 hommes. Le 10 du même mois, le roi de Sardaigne ouvrait son parlement par ces paroles remarquables :

« L'horizon au milieu duquel surgit la nouvelle
« année n'est pas pleinement serein. Néanmoins vous
« vous consacrerez avec l'empressement accoutumé à
« vos travaux parlementaires.

« Forts de l'expérience du passé, marchons résolû-
« ment au-devant des éventualités de l'avenir. Cet avenir
« sera prospère, notre politique reposant sur la justice,
« sur l'amour de la liberté et de la patrie. » (Ces paroles étaient accueillies par des acclamations enthousiastes.)

Le roi continue : « Notre pays, petit par son terri-
« toire, a grandi en crédit dans les conseils de l'Europe,
« parce qu'il est grand par les idées qu'il représente,
« par les sympathies qu'il inspire.

« Cette condition n'est pas exempte de péril; car,
« tout en respectant les traités, nous ne sommes pas
« insensibles au cri de douleur qui de tant de parties
« de l'Italie s'élève vers nous.

« Forts par la concorde, confiants dans notre bon

« droit, attendons, prudents et résolus, les décrets
« de la divine Providence. »

Ce discours, qui résumait en peu de mots la situation
du Piémont vis-à-vis de l'Autriche et de l'Italie, fut
salué des applaudissements universels de l'assemblée,
et n'eut pas moins de retentissement en Europe que les
paroles de Napoléon III. On comprenait que cette attitude du Piémont décelait sa confiance dans une puissante
alliance toute prête à le soutenir ; autrement ce langage
si fier d'un *petit* pays n'eût été qu'une fanfaronnade
ridicule. Mais on savait que le Piémont pouvait compter
sur la France, qui ne permettrait jamais à l'Autriche
d'étendre sur ce pays le pouvoir tyrannique ou l'influence qu'elle exerçait sur le reste de la péninsule.
Bientôt le mariage du prince Napoléon (Jérôme) avec la
princesse Clotilde, fille du roi de Sardaigne, vint res-
serrer cette alliance ; et, le 7 février, à l'ouverture de la
session législative, l'Empereur, dans son discours, ex-
pliquait sa pensée à ce sujet. Après avoir exposé les difficultés qui s'étaient élevées entre le cabinet de Vienne
et le sien, il disait : « Dans cet état de choses, il n'y
« avait rien d'extraordinaire que la France se rappro-
« chât davantage du Piémont, qui avait été si dévoué
« pendant la guerre, si fidèle à notre politique pen-
« dant la paix. L'heureuse union de mon bien-aimé
« cousin le prince Napoléon avec la fille du roi Victor-
« Emmanuel n'est donc pas un de ces faits insolites
« auxquels il faille chercher une raison cachée, mais
« la conséquence naturelle de la communauté d'intérêts
« des deux pays et de l'amitié des deux souverains. »
Puis, abordant directement la question d'Italie, il ajoutait : « Depuis quelque temps, l'état de l'Italie et sa
« situation anormale, où l'ordre ne peut être maintenu

« que par des troupes étrangères, inquiètent juste-
« ment la diplomatie. Ce n'est pas néanmoins un mo-
« tif suffisant de croire à la guerre. Que les uns l'ap-
« pellent de tous leurs vœux, sans raisons légitimes;
« que les autres, dans leurs craintes exagérées, se
« plaisent à montrer à la France les périls d'une nou-
« velle coalition, je resterai inébranlable dans la voie
« du droit, de la justice, de l'honneur national; et mon
« gouvernement ne se laissera ni entraîner ni intimi-
« der, parce que ma politique ne sera jamais ni provo-
« catrice ni pusillanime. »

Ce discours, comme on le voit, laissait encore entre-
voir une solution pacifique à la question italienne. En
effet, les puissances s'étaient émues d'un état de choses
qui menaçait l'Europe d'une guerre générale, et dont
on ne pouvait prévoir la durée. La Russie proposa de
réunir en congrès les représentants des cinq grandes
puissances signataires du traité de Paris, pour régler
ensemble les affaires d'Italie. La France, l'Autriche, l'Angleterre et la Prusse acquiescèrent à cette proposition,
et l'on s'occupa immédiatement de traiter diplomatique-
ment les bases des délibérations du futur congrès.

Tandis que l'on travaillait à ces premières négociations, une partie de la presse étrangère cherchait à éga-
rer l'opinion de l'Europe sur les intentions de la France.
Elle représentait son chef comme prêt à reprendre l'épée
de Napoléon Ier, et à tenter de renouveler ses conquêtes.
Le gouvernement français répondit à ces calomnies par
une note insérée au *Moniteur*, le 5 mars, dans laquelle
on lit les passages suivants : « L'état de choses en Italie,
quoique déjà ancien, a pris, dans ces derniers temps,
un caractère de gravité qui devait naturellement frapper
l'esprit de l'Empereur; car il n'est pas permis au chef

d'une grande puissance comme la France de s'isoler des
questions qui intéressent l'ordre européen. Animé d'un
esprit de prudence qu'il serait coupable de n'avoir pas
eu, il se préoccupe avec loyauté de la solution raison-
nable et équitable que pourraient recevoir ces délicats
et difficiles problèmes.

« L'Empereur n'a rien à cacher, rien à désavouer,
soit dans ses préoccupations, soit dans ses alliances.
L'intérêt français domine sa politique, et il justifie sa
vigilance. »

Après avoir ainsi montré la légitimité des préoccupations qu'a dû faire naître dans le chef du gouvernement
français la situation de l'Italie, la note fait connaître la
nature de l'alliance contractée avec la Sardaigne, et les
limites dans lesquelles cette alliance entend se renfer-
mer. « En face des inquiétudes mal fondées, nous aimons
à le croire, qui ont ému les esprits en Piémont, l'Empereur a promis au roi de Sardaigne de le défendre contre
tout acte agressif de l'Autriche ; il n'a promis rien de
plus, et l'on sait qu'il tiendra sa parole. »

Ainsi ce n'était pas une alliance offensive et défensive
que la France avait contractée avec le Piémont, mais
défensive seulement. La note répondait ensuite aux im-
putations de la presse étrangère sur les armements
extraordinaires qu'aurait faits la France, en déclarant
que l'effectif normal du pied de paix n'avait pas été
dépassé. En effet, à cette époque, 5 mars, aucune levée
extraordinaire n'avait eu lieu, et les militaires en congé
temporaire n'avaient même pas été rappelés. Après
avoir exposé les faits dans toute leur vérité, le gouvernement se demandait avec amertume quand finiraient
ces vagues et absurdes rumeurs, répandues par la presse
d'un bout de l'Europe à l'autre, signalant partout à la cré-

dulité publique l'empereur des Français comme poussant
à la guerre, et faisant peser sur lui seul la responsabilité
des inquiétudes et des armements de l'Europe. Enfin
la note se terminait par ces phrases remarquables :
« Sans doute, comme nous le disions, l'Empereur veille
sur les causes diverses de complication qui peuvent se
montrer à l'horizon. C'est le propre de toute sage politique de chercher à conjurer les événements ou les
questions de nature à troubler l'ordre, sans lequel il n'y
a ni paix ni transactions. Ce n'est pas du répit qu'il faut
aux véritables affaires, c'est de la sécurité et de l'avenir.

« Une telle prévoyance n'est ni de l'agitation ni de la
provocation. Étudier les questions, ce n'est pas les créer;
et détourner d'elles ses regards et son attention, ce ne
serait non plus ni les supprimer ni les résoudre.

« Au reste, l'examen de ces questions est entré dans
la voie diplomatique, et rien n'autorise à croire que
l'issue n'en sera pas favorable à la consolidation de la
paix publique. »

Ce langage clair et digne faisait connaître de la manière la plus explicite les intentions pacifiques du gouvernement français, et facilitait singulièrement l'œuvre
de conciliation entreprise par les négociateurs. Il était
évident maintenant que la France n'attaquerait pas la
première, et qu'elle ne soutiendrait le Piémont que
dans le cas où il serait lui-même attaqué. Or il paraissait également évident, d'un côté, que le Piémont livré
à lui-même ne s'aviserait pas de commencer les hostilités; et, d'un autre côté, il était probable que l'Autriche,
renommée par sa prudence, ne provoquerait pas son
faible ennemi, assurée qu'elle était dans ce cas de le
trouver soutenu par son puissant auxiliaire, et d'avoir
la désapprobation de l'Europe entière.

Cette déclaration du gouvernement impérial fut donc accueillie comme une espérance que la paix du monde ne serait pas troublée ; elle ne fut blâmée que par quelques-uns de ces esprits impatients et irréfléchis qui prétendaient trouver trop de modération dans ce langage, et allaient jusqu'à dire que le gouvernement avait fait une *reculade*. Non, certes, le gouvernement ne faisait point un pas en arrière, car il ne s'était jamais trop avancé ; mais il tenait à constater la véritable position de sa politique, qui ne serait jamais, comme il l'avait dit ailleurs, ni provocatrice ni pusillanime.

Sous l'influence de ces dispositions de la France, les difficultés parurent d'abord s'aplanir. Il fut décidé entre les grandes puissances qu'un congrès s'ouvrirait à la fin d'avril pour débattre les graves intérêts qui depuis trois mois avaient ému l'Europe et divisé les gouvernements. Mais bientôt l'Autriche, après avoir accepté l'arbitrage d'un congrès, éleva des prétentions qui pouvaient en retarder indéfiniment la réunion. Elle exigeait d'abord que le Piémont ne fût point admis dans le congrès, même à titre consultatif ; puis que la France reconnût les traités de 1815, et s'engageât à les défendre contre toute attaque ; enfin que la Sardaigne fût tenue de désarmer, pendant que sa rivale conserverait deux cent mille hommes dans le royaume lombardo-vénitien. L'Angleterre, par l'intermédiaire de lord Cowley, s'efforça de faire revenir l'Autriche sur ces prétentions, et elle parvint à les lui faire modifier. Enfin, le 18 avril, parut au *Moniteur* l'article suivant sur l'état des négociations :

« Après avoir adhéré à la proposition de la cour de Russie de déférer le règlement de l'affaire d'Italie à un congrès, les cinq puissances ont jugé utile de s'entendre sur les bases des délibérations futures, et elles sont tombées d'accord sur les quatre points suivants proposés par le gouvernement de Sa Majesté Britannique :

« 1° Déterminer les moyens par lesquels la paix peut être maintenue entre l'Autriche et la Sardaigne ;

« 2° Établir comment l'évacuation des États romains par les troupes françaises et autrichiennes peut être le mieux effectué ;

« 3° Examiner s'il convient d'introduire des réformes dans l'administration intérieure de ces États et des autres États de l'Italie dont l'administration offrirait des défauts qui tendraient évidemment à créer un état permanent et dangereux de trouble et de mécontentement, et quelles seraient ces réformes ;

« 4° Substituer aux traités entre l'Autriche et les duchés une confédération des États de l'Italie entre eux pour leur protection mutuelle, tant intérieure qu'extérieure. »

Au moment de la publication de cette note, il était encore un point sur lequel on n'était pas d'accord et sur lequel on continuait à négocier : c'était l'article relatif au désarmement. Au désarmement préalable de la Sardaigne, proposé d'abord par l'Autriche et repoussé par toutes les autres puissances, le cabinet de Vienne avait substitué la proposition d'un désarmement général. La France acceptait purement et simplement le désarmement général, soit avant, soit après le congrès ; seulement, à l'égard de la Sardaigne, elle demandait, à titre de compensation, son admission au congrès ; de plus, elle y demandait aussi l'admission des autres États italiens.

Sur ces demandes de la France, le gouvernement anglais fit aux quatre puissances les propositions suivantes, publiées au *Moniteur* du 20 avril :

« 1° Qu'on effectuerait au préalable un désarmement général et simultané ;

« 2° Que ce désarmement serait réglé par une commission militaire ou civile indépendante du congrès (cette commission serait composée de six commissaires, un pour chacune des cinq puissances, et un pour la Sardaigne) ;

« 3° Qu'aussitôt que cette commission serait réunie, et qu'elle aurait commencé sa tâche, le congrès se réunirait à son tour et procèderait à la discussion des questions politiques ;

« 4° Que les représentants des États italiens seraient invités par le congrès, aussitôt sa réunion, à siéger avec les représentants des cinq grandes puissances, absolument de la même manière qu'au congrès de Laybach, en 1821. »

La France, la Russie et la Prusse adhérèrent aussitôt aux propositions du gouvernement britannique ; le Piémont y acquiesça également.

Chacun reconnaissait que la France et les puissances européennes étaient allées aussi loin que le permettaient la justice et le soin de leur dignité dans la voie pacifique des concessions. Personne ne doutait que le cabinet de Vienne, ne pouvant avoir pour dessein arrêté d'humilier le Piémont ou d'entraver la réunion du congrès, n'acceptât un arrangement si avantageux pour ses intérêts ; car il était facile de prévoir que les représentants des petits États italiens, excepté ceux de la Sardaigne, interprètes de leur gouvernement bien plus que des populations, voteraient presque toujours avec l'Autriche.

C'est pourtant à ce moment, c'est lorsqu'une concession presque inespérée des cabinets de Paris et de Turin avait, même au prix d'un accroissement d'influence pour l'Autriche, sauvé les négociations, satisfait les grandes puissances et rassuré l'Europe, que tout à coup, sans que rien eût pu faire attendre une semblable résolution, le gouvernement de l'empereur François-Joseph, non-seulement refusait d'adhérer aux dernières propositions des quatre grandes puissances, mais adressait au Piémont un *ultimatum* qui était une véritable déclaration de guerre. Cet *ultimatum* était porté à Turin, le 23 avril, par M. le baron de Kellerberg, et demandait sous une forme impérative à la Sardaigne le désarmement immédiat de ses troupes et le licenciement des volontaires italiens, sans admettre aucun moyen dilatoire, et en assignant à la réponse du cabinet de Turin un terme de trois jours. Cette sommation fut repoussée, comme on devait s'y attendre, de la part d'un gouvernement jaloux de son indépendance et de son honneur.

L'Angleterre, la Russie et la Prusse n'hésitèrent pas à protester contre la conduite tenue par l'Autriche dans cette circonstance. La France n'hésita pas non plus à prendre les mesures qu'exigeaient ses engagements avec le Piémont son allié, et, après avoir poussé jusqu'à ses dernières limites la modération et les concessions, tant qu'il était resté quelque espoir de conserver la paix, on la vit tout à coup déployer, pour se préparer à la guerre, une activité et une énergie incroyables.

A peine la nouvelle du refus de l'Autriche d'accéder aux dernières propositions de l'Angleterre et de l'envoi de son *ultimatum* à la cour de Turin était-elle parvenue à Paris, que l'armée de Lyon et l'armée de Paris reçurent l'ordre de partir en toute hâte, la première pour les frontières d'Italie, la seconde pour Toulon et Grenoble.

Cette armée prenait provisoirement le nom d'armée des Alpes, et était divisée en quatre corps, commandés, le premier par le maréchal Baraguay-d'Hilliers, le second par le général de division Mac-Mahon, le troisième par le maréchal Canrobert, le quatrième par le général de division Niel, aide de camp de l'Empereur. Un cinquième corps devait être formé plus tard sous les ordres du prince Napoléon. Le maréchal Randon était nommé major général de l'armée des Alpes.

En même temps qu'il adoptait ces mesures nécessitées par l'imminence des événements, le gouvernement de l'Empereur exposait dans une déclaration publique les nécessités qui les avaient commandées. Une communication faite au sénat et au corps législatif, le 26 avril, établissait les faits principaux et l'historique des négociations suivies afin d'arriver à un accommodement. « Au moment, disait le ministre, où le gouvernement « de l'Empereur croyait pouvoir nourrir l'espoir d'une « entente définitive, nous avons appris que la cour « d'Autriche refusait d'accepter la proposition du gou- « vernement de Sa Majesté Britannique, et adressait une « sommation directe au gouvernement sarde. » Après avoir expliqué la nature et le caractère de cette démarche, le ministre, M. Walewski, ajoutait : « En « présence de cet état de choses, si la Sardaigne « est menacée, si, comme tout le fait présumer, son « territoire est envahi, la France ne peut pas hésiter « à répondre à l'appel d'une nation alliée, à laquelle « l'unissent des intérêts communs et des sympathies « traditionnelles, rajeunies par une récente confra- « ternité d'armes et par l'union contractée entre les « deux maisons régnantes. »

Comme complément des mesures nécessitées par les circonstances, le gouvernement de l'Empereur faisait présenter un projet de loi aux termes duquel l'appel autorisé par la loi du 24 mars 1858 pour le recrutement des troupes de terre et de mer était porté de cent à cent quarante mille hommes, et un second projet qui autorisait le ministre des finances à emprunter une somme de cinq cents millions de francs. Ces deux lois ont été immédiatement votées par le corps législatif et sanctionnées par le sénat.

Le gouvernement sarde, de son côté, se préparait à répondre aux provocations de l'Autriche. Ses forces militaires étaient organisées et prêtes à s'unir aux troupes françaises. Le pouvoir législatif conférait au roi la dictature pendant la guerre, et le roi adressait à son armée une proclamation dans laquelle il disait que la demande du désarmement faite par l'Autriche était un outrage au roi et à la nation; aussi cette demande avait-elle été dédaigneusement repoussée. Victor-Emmanuel rappelait ensuite les cris de douleur de l'Italie; puis il ajoutait : « Je serai votre capitaine. J'ai appris à connaître « votre valeur sur le champ de bataille à côté de mon « auguste père. Aujourd'hui vous aurez pour compa- « gnons les vaillants soldats de la France, vos compa- « gnons de la Tchernaïa, que l'Empereur vous envoie « pour défendre une cause juste et civilisatrice. Allons « à la victoire! Que votre drapeau vous dise, que notre « but comme notre cri de guerre soit : *Indépendance* « *de l'Italie !* »

CHAPITRE II

Départ des troupes. — Spectacle saisissant. — Mouvements rapides
opérés sur tous les points de la France. — Les soldats dans l'église
Saint-Charles, à Marseille, le jour de Pâques. — Embarquement à
Marseille et à Toulon. — Débarquement à Gênes. — Accueil de la
population. — Détails racontés par un militaire de la garde. — Passage
des troupes par la Savoie et le mont Cenis. — Passage par le mont
Genèvre. — Arrivée à Turin de la division Bouat. — Réception qui
lui est faite. — Mort subite du général Bouat. — Prodigieuse rapidité
du transport de notre armée en Italie. — Étonnement de l'Europe.
— Communication officielle du gouvernement français annonçant
l'entrée des troupes autrichiennes sur le territoire piémontais, ce qui
constituait l'Autriche en état de guerre avec la France. — Proclamation de l'Empereur au peuple français.

Pendant les derniers jours d'avril et les premiers
jours de mai, Paris et une partie de la France offraient
un spectacle des plus émouvants. Avant que la nouvelle
en fût officiellement annoncée, le bruit se répandit tout
à coup dans Paris que les hostilités allaient éclater immédiatement entre l'Autriche et le Piémont, et que
l'armée de Paris venait de recevoir l'ordre de partir sur-
le-champ par le chemin de fer de Lyon. Aussitôt on vit
la foule accourir aux casernes, où effectivement les soldats pressaient leurs préparatifs de départ, et échanger
avec eux de fraternels adieux. Pendant plus de huit
jours, ce ne fut qu'un concert d'acclamations sur le
passage de nos troupes se rendant d'heure en heure au
chemin de fer qui devait les emporter sur les côtes de la
Méditerranée.

Qui n'a pas vu en ces jours de fièvre le spectacle que présentaient nos boulevards, les ouvriers se mêlant aux soldats, leur formant une escorte sympathique, portant leurs fusils, les prenant par le bras, leur serrant la main, ne saurait se figurer l'enthousiasme qui faisait explosion et débordait de tous les cœurs. Cette population parisienne, si prompte à saisir et à épouser toutes les grandes idées, s'était prise tout à coup d'une vive passion pour l'indépendance italienne, et ne savait comment témoigner avec assez de chaleur l'intérêt qu'elle ressentait pour les défenseurs de cette noble cause (1).

A partir de ce moment, le mouvement de nos troupes s'accomplit avec une rapidité qui tient du prodige, et qui atteste la puissance de notre organisation militaire; il faut renoncer à suivre nos soldats sur tous les points de la France, traversant des pays où ils sont accueillis comme des frères, pour se rendre dans des contrées où ils seront salués comme des libérateurs. Partout sur leurs pas éclatent les manifestations les plus chaleureuses. A chaque convoi qui fait halte, les stations sont entourées d'une foule immense. A Grenoble, le conseil municipal vote des fonds pour assurer aux troupes une réception convenable; à Valence, à Avignon, sur tout le parcours du chemin de fer de Lyon, les mêmes démonstrations leur sont prodiguées; Toulon et Marseille leur réservaient un accueil plus enthousiaste encore (2).

A Marseille, le 24 avril, jour de Pâques, un grand nombre de soldats ont assisté avec recueillement aux offices de la solennité du jour, et la plupart d'entre eux

(1) Voir les journaux de l'époque et l'*Histoire populaire de l'armée d'Italie*, p. 4.
(2) *Ibid.*

avaient accompli dans la matinée leur devoir pascal.
A Saint-Charles, à la messe militaire de midi, un vicaire
de la paroisse est monté en chaire, et, après avoir témoigné, dans une chaleureuse allocution, le bonheur qu'il
éprouvait en voyant ces défenseurs de la patrie venir
dans le temple du Seigneur donner une preuve de leur
piété et des sentiments chrétiens qui les animent, l'ora-
« teur a ajouté : « La piété est l'auxiliaire du courage ;
« et l'empereur Napoléon, qui vous engage à remplir vos
« devoirs religieux, trouve en vous des défenseurs vail-
« lants et fidèles. Vous êtes maintenant prêts pour les
« luttes à venir ; vous serez invincibles en combattant
« pour la France : partez, braves soldats ! »

Au moment où le vénérable prêtre prononçait ces
derniers mots, par une coïncidence remarquable, une
ordonnance entrait dans l'église et remettait au colonel
une dépêche qui lui annonçait l'ordre de départ immédiat. A peine en eut-il pris connaissance qu'il se tourna
vers ses soldats, et, comme un écho des paroles de
l'orateur chrétien, il leur dit : « Partons ! » Cet épisode
a vivement ému tous les assistants.

L'embarquement commença dès le lendemain 25. Les
34e, 37e et 71e régiments de ligne, ainsi que la légion
étrangère, s'embarquèrent ce jour-là à Toulon. Deux
jours après, le 27 avril, le 17e bataillon de chasseurs à
pied, les 74e, 84e, 91e et 98e régiments de ligne s'embar-
quaient sur des vapeurs sardes. Une foule compacte était
en permanence sur les trois môles des ports auxiliaires
de Marseille, et saluait de ses chaleureux vivat le départ de nos braves soldats. Le vendredi soir, 29 avril,
cette foule eut le spectacle d'une ville flottante. Plus de
trois mille hommes avaient pris passage sur le vaisseau
la Dryade, qui sortit du port à sept heures et demie,

au bruit accoutumé des applaudissements enthousiastes des spectateurs et au son de fanfares guerrières.

Douze à quinze heures après leur sortie des ports de Toulon ou de Marseille, ces troupes arrivaient en vue de Gênes, où les attendait un accueil qui tenait presque du délire. Dès qu'on eut annoncé la prochaine arrivée des troupes françaises, la ville prit un air de fête. La population se trouva bientôt doublée par une foule immense accourue de tous les points du Piémont, et même des États limitrophes, pour assister au débarquement. Les quais de cette grande ville de Gênes, qui s'étend au fond du golfe en forme de fer à cheval, avec ses maisons et ses palais de marbre s'élevant en amphithéâtre, présentaient un spectacle grandiose.

Sur toutes les terrasses des palais qui bordent la mer, des femmes se pressaient par milliers, agitant leurs mouchoirs et jetant des bouquets. Des centaines d'embarcations de toutes formes, et rivalisant entre elles d'élégance et de richesse, s'élançaient du port, allaient au-devant des frégates; chaque barque, en passant près de nos vaisseaux, saluait le pavillon français par des cris enthousiastes, et faisait tomber sur nos soldats une véritable pluie de fleurs. Quand la première frégate entra dans le port, le 6 avril, ce fut une explosion immense, un *vivat* universel qui, du port et de la ville entière, s'éleva dans les airs, et alla réveiller les échos des montagnes voisines : c'était le cri de la délivrance de l'Italie !

Pendant tout le temps que dura le débarquement, c'est-à-dire pendant plus de huit jours, les mêmes scènes se renouvelaient, et l'enthousiasme, loin de diminuer, semblait aller en croissant. Notre intention, comme on le pense bien, n'est pas de décrire ces scènes, quelque

intéressantes qu'elles puissent être; nous nous contenterons, pour en donner un échantillon à nos lecteurs,
de leur citer ce passage d'une lettre écrite par un militaire de la garde, et qui donnera en même temps une
idée de la rapidité du mouvement de troupes qui s'est
opéré dans les derniers jours d'avril 1859.

« Nous sommes arrivés à Marseille le 28, à une heure
du matin; nous avons campé à l'entrée de la ville, et,
le jour même, à deux heures de l'après-midi, nous nous
embarquions pour l'Italie, au milieu de la foule la plus
bariolée qu'on puisse voir; nous étions littéralement enlevés, bousculés, pressés, embrassés; bref nous avons
eu toutes les peines du monde à nous mettre en ligne
pour l'embarquement, qui s'est opéré aux cris de *Vive
l'Empereur! Vive l'Italie!*

« Le 29, nous étions en vue de Gênes; mais l'ordre
de débarquement n'est arrivé que le 30 au matin, vers
huit heures. Malgré la foule compacte qui garnissait les
quais, les trois frégates que nous occupions ont été
bientôt débarrassées de nous. A onze heures, les quatre
régiments de zouaves (zouaves de la garde et zouaves
d'Afrique), les grenadiers de la garde, les tirailleurs
indigènes et la légion étrangère étaient à terre. Décrire
notre débarquement est quelque chose d'impossible : on
criait, on dansait, on chantait, on s'embrassait, que
c'était plaisir à voir. Nous avions beau crier *Vive l'Italie !*
de toute la force de nos poumons, nos cris étaient
couverts par ceux de *Viva i liberatori della patria ! Viva
l'Imperatore !* Nos vieux zouaves pleuraient d'attendris-
sement : ce n'est pas peu dire.

« Les troupes débarquées partent demain matin avec
le jour; nous, nous attendons l'Empereur. »

Tandis qu'une partie de l'armée débarquait à Gênes,

d'autres corps de troupes se rendaient en Italie par la Savoie et le mont Cenis, en suivant la voie ferrée dite *Victor-Emmanuel*, jusqu'à Saint-Jean-de-Maurienne. Le premier convoi, composé du 19e bataillon de chasseurs à pied et d'une partie du 43e de ligne, arriva à Chambéry le 26 avril, à neuf heures du matin. La gare et tous les abords du chemin de fer avaient été envahis par une foule nombreuse. Au moment où le convoi paraît dans la gare, tout le monde se découvre; les soldats se montrent aux portières; d'immenses applaudissements les saluent; puis au bout de quelques minutes le convoi reprend sa course sur Saint-Jean-de-Maurienne, où l'attendaient de non moins chaleureuses ovations.

De ce point, où cesse le chemin de fer, jusqu'à Suze, il y a 90 kilomètres en franchissant le mont Cenis, soit deux étapes longues et difficiles, pendant lesquelles la marche de nos soldats a souvent été entravée par d'épais brouillards et des tourmentes de neige qui ont beaucoup ralenti le passage de l'artillerie et des équipages de toute espèce. Le temps, comme disaient nos soldats, toujours gais malgré les intempéries et la fatigue, était *autrichien*. Arrivées à Suze, les divisions ont dû se réorganiser; et là elles trouvaient le chemin de fer, qui en deux heures les transportait à Turin. Le trajet est de 54 kilomètres.

D'autres troupes, parties de Grenoble, sont arrivées à Suze par le mont Genèvre. De Grenoble à Suze, en suivant cette direction, il y a six étapes, peu longues, et qu'on pourrait même réduire à cinq; mais elles sont pénibles par la nature du terrain à parcourir, car il faut franchir le col du Lautaret, qui sépare les vallées de la Romanche et de la Guizanne, un des passages les plus difficiles de cette partie des Alpes, puis le col du mont Genèvre, qui donne accès en Italie.

Le 30 avril, la division Bouat, qui la première avait passé le mont Cenis, arrivait à Turin. Le général de Sonnas, commandant la place de Turin, accompagné de son état-major, et le commandant de la garde nationale, général Visconti d'Ornavasso, se rendirent à la station du chemin de fer au-devant des troupes françaises. Dès que les soldats français, sortis des wagons, se mirent en marche vers la ville, une acclamation générale et non interrompue les accueillit.

« Les dames, disent les journaux de Turin, du haut des balcons de la Cernaia et des fenêtres de la rue Sainte-Thérèse, jetaient des fleurs aux soldats, qui en ornaient immédiatement leurs fusils, et ces dames agitaient leurs mouchoirs en signe d'allégresse. Partout on n'entendait que ces cris : *Vive la France! Vivent les Français! Vive l'Empereur!* et les soldats répondaient par le cri de *Vive l'Italie!*

« Partout la marche des Français a été une véritable ovation; quoique le temps fût à la pluie, une foule immense encombrait les rues... Les soldats, après avoir pris quelque repos, se sont répandus dans la ville. Bientôt on les a vus bras dessus bras dessous avec des soldats piémontais, des gardes nationaux et des bourgeois de la ville, montrant cette vivacité et cet entrain qui caractérisent les Français. La journée a été un jour de fête. »

Le brave général Bouat ne devait pas être témoin de cette magnifique ovation. Frappé d'une attaque subite d'apoplexie, il mourait à Suze le 2 mai, au moment où il allait prendre sa part d'une guerre glorieuse. Arrêté ainsi au milieu de sa carrière, le général Bouat, né en 1802, et général de division depuis la bataille de

l'Alma, n'a pu donner toute la mesure de ses talents
militaires. C'était un des plus brillants officiers de notre
armée. Aimé de ses soldats, estimé et honoré de tous
ceux qui l'approchaient, de ceux mêmes qui l'avaient
combattu, il a emporté dans la tombe les regrets de la
France.

On a pu voir, d'après ce que nous venons de raconter,
qu'au 30 avril une partie de l'armée française était
débarquée à Gênes et était en marche sur Alexandrie,
tandis qu'une autre partie arrivait à Turin. Ainsi, en
moins de dix jours, et au moment même où expirait le
délai fixé par l'*ultimatum* autrichien, nous avions à
Turin, à Gênes et sur la route d'Alexandrie, des forces
capables d'imposer à l'ennemi. Le général Giulay, qui,
en franchissant le Tessin le 29 avril, croyait ne rencon-
trer que l'armée piémontaise pour arrêter sa marche
sur Turin, apprit avec étonnement que les Français,
qu'il croyait encore au delà des Alpes, étaient prêts à
entrer en ligne; et de là sans doute les incertitudes qui
signalèrent ses mouvements après son invasion en Piémont.

C'est, en effet, quelque chose de merveilleux que la
rapidité avec laquelle s'est effectué le transport soit par
mer, soit par terre, de notre armée en Italie. L'Europe
entière en a été saisie d'admiration, je dirais presque de
stupéfaction. Plus d'un peuple jaloux s'est dit : Si la
France en quelques jours peut transporter à deux à trois
cents lieues de ses frontières une armée de plus de cent
mille hommes, avec combien plus de facilité n'envahirait-
elle pas un de ses voisins? Et ces récriminations n'ont
surtout éclaté que lorsqu'on a vu que la France, au lieu
d'épuiser ses forces dans cette guerre, comme l'espé-
raient charitablement quelques-uns de ses alliés, n'a-

vaient fait en quelque sorte que les montrer et les aiguiser.

Le 3 mai, le gouvernement fit connaître au sénat et au corps législatif, par une communication officielle, l'entrée des troupes autrichiennes sur le territoire sarde dans la journée du 29 avril précédent, ce qui constituait l'Autriche en état de guerre avec la France. Cette communication fut reçue dans les deux chambres aux cris de *Vive l'Empereur!*

Le même jour la proclamation suivante fut affichée à Paris et dans toute la France :

L'EMPEREUR AU PEUPLE FRANÇAIS.

« Français,

« L'Autriche, en faisant entrer son armée sur le ter-
« ritoire du roi de Sardaigne, notre allié, nous déclare
« la guerre. Elle viole ainsi les traités, la justice, et
« menace nos frontières. Toutes les grandes puissances
« ont protesté contre cette agression. Le Piémont
« ayant accepté les conditions qui devaient assurer la
« paix, on se demande quelle peut être la raison de cette
« invasion soudaine : c'est que l'Autriche a amené les
« choses à cette extrémité, qu'il faut qu'elle domine
« jusqu'aux Alpes, ou que l'Italie soit libre jusqu'à l'A-
« driatique ; car, dans ce pays, tout coin de terre de-
« meuré indépendant est un danger pour son pouvoir.

« Jusqu'ici la modération a été la règle de ma con-
« duite ; maintenant l'énergie devient mon premier
« devoir.

« Que la France s'arme et dise résolûment à l'Europe :
« Je ne veux pas de conquête, mais je veux maintenir
« sans faiblesse ma politique nationale et traditionnelle ;

« j'observe les traités, à condition qu'on ne les violera
« pas contre moi; je respecte les territoires et les droits
« des puissances neutres, mais j'avoue hautement ma
« sympathie pour un peuple dont l'histoire se confond
« avec la nôtre, et qui gémit sous l'oppression étran-
« gère.

« La France a montré sa haine contre l'anarchie; elle
« a voulu me donner un pouvoir assez fort pour réduire
« à l'impuissance les fauteurs de désordre et les hommes
« incorrigibles de ces anciens partis qu'on voit sans
« cesse pactiser avec nos ennemis; mais elle n'a pas
« pour cela abdiqué son rôle civilisateur. Ses alliés
« naturels ont toujours été ceux qui veulent l'améliora-
« tion de l'humanité, et, quand elle tire l'épée, ce n'est
« point pour dominer, mais pour affranchir.

« Le but de cette guerre est donc de rendre l'Italie
« à elle-même, et non de la faire changer de maître, et
« nous aurons à nos frontières un peuple ami qui nous
« devra son indépendance.

« Nous n'allons pas en Italie fomenter le désordre
« ni ébranler le pouvoir du Saint-Père, que nous avons
« replacé sur son trône, mais le soustraire à cette pres-
« sion étrangère qui s'appesantit sur toute la péninsule,
« contribuer à y fonder l'ordre sur des intérêts légitimes
« satisfaits.

« Nous allons enfin, sur cette terre classique illustrée
« par tant de victoires, retrouver les traces de nos
« pères. Dieu fasse que nous soyons dignes d'eux !

« Je vais bientôt me mettre à la tête de l'armée. Je
« laisse en France l'Impératrice et mon fils. Secondée par
« l'expérience et les lumières du dernier frère de l'Em-
« pereur, elle saura se montrer à la hauteur de sa
« mission.

« Je les confie à la valeur de l'armée qui reste en
« France pour veiller sur nos frontières, comme pour
« protéger le foyer domestique ; je les confie au pa-
« triotisme de la garde nationale ; je les confie enfin au
« peuple tout entier, qui les entourera de cet amour et
« de ce dévouement dont je reçois chaque jour tant de
« preuves.

« Courage donc et union ! Notre pays va encore mon-
« trer au monde qu'il n'a pas dégénéré. La Providence
« bénira nos efforts, car elle est sainte aux yeux de
« Dieu la cause qui s'appuie sur la justice, l'humanité,
« l'amour de la patrie et de l'indépendance.

« Palais des Tuileries, 3 mai 1859.

« Signé : NAPOLÉON. »

CHAPITRE III

A la veille de partir pour se mettre à la tête de l'armée d'Italie, l'Empereur devait pourvoir à toutes les nécessités de la situation présente. Les mesures financières venaient au premier rang. Dès le 4 mai, le journal officiel annonçait les conditions auxquelles serait réalisé l'emprunt de cinq cents millions récemment voté par le corps législatif. Le 7, la souscription était ouverte à neuf heures du matin ; elle était terminée le 15 à cinq heures du soir, conformément au programme tracé par un arrêté ministériel. Le capital souscrit s'est élevé à DEUX MILLIARDS CINQ CENTS MILLIONS, c'est-à-dire à une somme cinq fois plus forte que celle demandée par le gouvernement.

Si la confiance des capitalistes dans le trésor public est la meilleure mesure de la prospérité et de la solidité des États, il est permis de voir avec quelque sentiment d'orgueil que, malgré tant de révolutions politiques, tant de guerres, tant de crises commerciales et financières, notre pays trouve encore en lui-même de telles ressources, et les offre si facilement et si spontanément pour les besoins publics. Voici en quels termes le ministre des finances signale le résultat de cette souscription.

« Sire, dit-il dans son rapport, tout est remarquable dans cette importante manifestation de l'opinion publique :

« Le nombre des souscripteurs, dépassant de plus de deux cent vingt mille celui du dernier emprunt, qui était lui-même si extraordinaire ;

« Le capital souscrit, qui est de cinq fois supérieur à la somme demandée ;

« La nature toute nationale de ce capital, qui est d'une origine exclusivement française ;

« L'énormité de la somme versée en quelques jours (deux cent trente millions), égalant presque la moitié de l'emprunt, sans causer aucune perturbation dans la marche des affaires courantes.

« De pareils résultats, Sire, parlent d'eux-mêmes assez haut pour qu'il soit superflu d'en faire longuement le commentaire. Obtenus dans les circonstances actuelles, au lendemain des crises alimentaires, monétaires, commerciales et politiques qui ont troublé le monde et ébranlé les plus fortes situations, ils font ressortir avec éclat la solidité de notre système financier, la richesse de notre pays, sa puissance et son patriotisme... »

D'autres mesures réclamaient aussi les soins de l'Empereur avant son départ. Quelques changements eurent

lieu dans les postes les plus élevés de l'administration.
M. de Royer, ministre de la justice, dont les travaux
assidus avaient altéré la santé, fut récompensé de ses
longs et honorables services dans la magistrature et dans
le ministère par la vice-présidence du sénat. M. De-
langle, ministre de l'intérieur, fut appelé à remplacer
M. de Royer au ministère de la justice, en même temps
qu'il laissait l'important portefeuille de l'intérieur à
M. le duc de Padoue. Cette dernière nomination fut
accueillie avec une satisfaction marquée. Le nouveau
ministre était surtout connu par son intégrité, sa haute
capacité et son dévouement à l'Empereur. Il a toujours
porté dignement ce nom, devenu, par les services et la
fidélité de son père, le général Arrighi de Padoue,
comme un symbole d'honneur et de loyauté. Le maréchal Vaillant, dont l'Empereur voulut s'associer l'expérience et les conseils pendant la campagne d'Italie, fut
désigné pour accompagner Sa Majesté avec le titre de
major général, laissant le portefeuille de la guerre au
maréchal Randon, qui avait été dans le principe nommé
à ce poste de major général. M. de Persigny fut nommé
ambassadeur à Londres à la place du maréchal duc de
Malakoff, appelé au commandement de l'armée d'obser-
vation de l'Est, dont le quartier général était à Nancy.
Enfin, par lettres patentes du 10 mai, l'Empereur con-
fiait à l'Impératrice le titre de régente, pour en exercer
les fonctions pendant son absence, en conformité des
instructions et des ordres arrêtés par lui. D'autres lettres-
patentes, à la même date, investissaient le prince Jérôme
de la haute confiance de l'Empereur, et décidaient que
l'Impératrice régente prendrait l'avis du prince sur les
résolutions et décrets qui lui seraient soumis; ces lettres
conféraient en outre à S. A. I. le droit de présider, en

l'absence de la régente, le conseil privé et le conseil des ministres.

Après avoir pris ces mesures propres à assurer la tranquillité intérieure de la France, l'Empereur se mit en route pour aller rejoindre notre vaillante armée. Aucun avis officiel n'avait annoncé son départ ; mais les actes publiés dans le *Moniteur* du 10 mai, et dont nous venons de rendre compte, les préparatifs faits à la gare du chemin de fer de Lyon, les ordres de service adressés à la garde nationale, avaient suffisamment fait connaître que l'Empereur partirait ce jour-là pour l'Italie. Aussi toute la population parisienne était-elle en mouvement afin de prendre, bien avant l'heure, des places sur la ligne que devait suivre Sa Majesté pour se rendre à la gare.

La rue de Rivoli, qui formait la plus grande partie de ce long parcours, offrait un aspect véritablement grandiose. Pavoisée dans toute sa longueur, l'immense et monumentale voie publique renfermait tout ce qu'elle pouvait contenir d'une population frémissante, ardente, et rompant à chaque instant l'alignement maintenu sans trop d'insistance par quelques sergents de ville placés de loin en loin.

Il était facile de reconnaître que ce n'était pas la curiosité qui poussait la population parisienne à former la haie depuis le palais des Tuileries jusqu'à la gare de Lyon ; mais que c'était un enthousiasme justifié, une volonté affectueuse, un adieu sympathique et cordial.

A six heures moins un quart, la voiture impériale, qu'avaient précédée d'autres voitures remplies de généraux et des officiers de la maison militaire de Sa Majesté, sortit des Tuileries. C'était une calèche découverte, où l'Empereur, en petite tenue de général de division et coiffé du képi, était assis près de l'Impératrice.

A l'instant où la voiture impériale déboucha du pavillon qui donne sur la place du Palais-Royal, un immense cri de *Vive l'Empereur !* s'élança de toutes les poitrines, et, se prolongeant à mesure que la voiture s'avançait, l'accompagna, comme un roulement de tonnerre non interrompu, jusqu'à la gare.

La calèche impériale, précédée et suivie à une certaine distance par les cent-gardes, laissait l'abord libre à qui voulait l'approcher. Les agents de la force publique s'étaient presque retirés, abandonnant la foule à ses propres instincts. C'est donc entourée, escortée par la population elle-même, qui courait en se tenant littéralement aux portières de la voiture, que l'Empereur et l'Impératrice ont parcouru lentement et toujours au pas ce long trajet, au milieu d'acclamations incroyables pour quiconque n'a pu les entendre.

A un certain point du parcours, un peu avant d'arriver à l'hôtel de ville, la voiture se trouva tellement entourée, qu'elle éprouva un léger temps d'arrêt. L'écuyer de service voulut faire un peu écarter la foule; mais, sur un signe de Sa Majesté, il retint immédiatement son cheval et laissa faire. A partir de ce moment, le cortége eut peine, on peut le dire, à se frayer un passage.

A la place de la Bastille, un second temps d'arrêt, mais cette fois plus énergique encore, se manifesta. Des ouvriers voulaient dételer la voiture et la traîner jusqu'au chemin de fer. Le prince se lève, tend les deux mains à toutes ces mains qui cherchent les siennes, et, gagné lui-même par l'émotion générale, il trouve à peine la force de demander qu'on ne retarde point sa marche : les heures sont précieuses, et l'ennemi l'attend. « Sire, s'écrie la foule, partez, partez, et si vous avez besoin de nouveaux soldats, dites un mot, nous nous engageons tous. »

L'Empereur accueillit avec orgueil ces patriotiques élans, quoiqu'il ne songeât pas à faire appel à de pareils sacrifices. Il continua sa route à travers la rue de Lyon au milieu de la même ovation populaire, plus flatteuse cent fois pour son cœur que des démonstrations sinon moins sincères, assurément plus apprêtées, qu'il est habitué à recueillir, du haut de son trône, dans les cérémonies d'apparat.

Pendant tout ce long trajet, l'Empereur était souriant, calme et visiblement heureux de cette manifestation. L'Impératrice avait peine à contenir l'émotion qui l'envahissait; des larmes roulaient dans ses yeux au moment d'arriver à la gare.

L'Empereur, en y entrant, trouva le maréchal Vaillant, major général de l'armée d'Italie, les généraux comte Roguet, comte de Montebello, Fleury, prince de la Moskowa, de Cotte, de Failly, etc., et ses autres aides de camp et officiers d'ordonnance qui devaient l'accompagner en Italie. Tous étaient en tenue de voyage.

Après avoir embrassé S. A. I. le prince Jérôme et serré la main aux personnes qui l'entouraient, l'Empereur monta en wagon avec l'Impératrice, la princesse Clotilde et le prince Napoléon. Il était six heures dix minutes lorsque le train impérial se mit en marche. Le lendemain à midi il arrivait à Marseille, après avoir été accueilli à toutes les stations par les acclamations les plus chaleureuses. Sa Majesté l'Impératrice et la princesse Clotilde avaient quitté le train impérial à Montereau, pour revenir à Paris.

L'Empereur ne s'arrêta pas à Marseille; il se rendit

directement du chemin de fer au yacht impérial *la Reine-Hortense*, en traversant la Cannebière, décorée avec une richesse et un luxe dont on se ferait difficilement une idée. Vers deux heures, *la Reine-Hortense* quitta le quai, saluée par une salve de cent un coups de canon. Sur les hauteurs qui dominent le port, une foule immense était rassemblée et faisait retentir l'air de clameurs enthousiastes.

Le 12 mai, le yacht impérial était en vue de Gênes, et un coup de canon tiré des batteries de la Lanterne annonça son approche. A ce signal, le prince de Carignan, le comte de Cavour, le prince de la Tour-d'Auvergne, notre ambassadeur, l'intendant général et le syndic de la ville montèrent sur le petit vapeur *l'OEuthion* et se portèrent dans la rade à la rencontre de Napoléon III. Plus de mille barques pavoisées se joignirent à l'aviso pour aller porter la bienvenue de Gênes à l'hôte illustre qui venait la visiter.

A deux heures enfin le canon tonne, les cloches carillonnent, les tambours battent aux champs, une immense acclamation part de toutes les bouches : le canot impérial entre dans le bassin, et s'avance rapidement vers le quai. L'Empereur en descend, suivi du prince Napoléon, du maréchal Vaillant, du prince de Carignan et de plusieurs officiers. Il est reçu par le général Regnault de Saint-Jean-d'Angély, commandant en chef de la garde impériale, le général Russetti, commandant la garde nationale génoise, et par un nombreux état-major des deux armées. Tous les navires en rade étaient pavoisés, couverts de monde, et sur les quais une masse compacte et empressée ne cessait de faire retentir l'air de hurrahs frénétiques.

Pendant que s'accomplissait la réception officielle, la

ville achevait de se mettre en fête. La bourse chômait, les boutiques étaient fermées. Les tentures des grandes solennités, ces pièces d'étoffes brodées de toutes couleurs qu'on suspend aux fenêtres et aux balcons, et qui sont le cachet original de l'Italie et de l'Espagne, étaient partout étalées à profusion. Dans les principales rues, de grandes oriflammes françaises et sardes se balançaient au vent, de longues guirlandes de fleurs et de feuillage encadraient des transparents ornés d'inscriptions dans les deux langues.

L'Empereur se rendit immédiatement au *palazzo reale*, qui est l'ancien palais Durazzo. Cette magnifique habitation appartient depuis 1815 à la famille royale, et a été restaurée en 1842 par le roi Charles-Albert. La voiture de l'Empereur, suivie de celle de ses aides de camp, arriva rue Balbi, escortée par la gendarmerie française, par les carabiniers royaux et par des détachements de cavalerie française. Sur son passage, la foule s'approchait des chevaux, ralentissait leur marche, et tous les bras se tendaient vers Sa Majesté, agitant des mouchoirs ou jetant des bouquets.

Le soir Napoléon III se rendit au théâtre. Lorsque les voitures de la cour sortirent du *palazzo reale,* Gênes offrait un coup d'œil magique. Des caves aux toits, une illumination continue embrasait l'air; des festons de lumières et de fleurs couraient de maison en maison. Deux cent mille spectateurs, Italiens ou Français, bourgeois et soldats, formant une haie vivante et mobile, attendaient avidement l'allié de l'Italie, que peu d'élus avaient pu voir le matin. Quand l'Empereur parut, ce fut une explosion de *vival* à ébranler les maisons. Les Génois saluaient d'une seule voix et d'un seul cri l'alliance désormais indissoluble des deux grandes nations latines.

Au théâtre, une ovation plus admirable encore lui était réservée. A son entrée, pendant plus de cinq minutes l'Empereur fut obligé de se tenir debout dans sa loge, pendant que trois mille personnes, parmi lesquelles se trouvait l'élite de la société génoise, faisaient retentir un immense et unanime *viva!*

Sa Majesté était accompagnée du prince Napoléon. Le prince de Carignan, régent du royaume de Sardaigne, était assis à sa droite. L'expression de la reconnaissance et du dévouement ne saurait être ni plus complète ni plus vraie. Gênes donnait ce jour-là à Napoléon III la mesure des sentiments que l'œuvre généreuse qu'il avait annoncée inspirait à la nationalité italienne.

Dans la journée même de son débarquement à Gênes, l'Empereur adressait l'ordre du jour suivant à l'armée d'Italie :

« Soldats !

« Je viens me mettre à votre tête pour vous conduire
« au combat. Nous allons seconder la lutte d'un peuple
« revendiquant son indépendance, et le soustraire à
« l'oppression étrangère.

« Je n'ai pas besoin de stimuler votre ardeur : chaque
« étape vous rappellera une victoire. Dans la voie
« Sacrée de l'ancienne Rome, les inscriptions se pres-
« saient sur le marbre pour rappeler au peuple ses hauts
« faits : de même aujourd'hui, en passant par Mondovi,
« Marengo, Lodi, Castiglione, Arcole, Rivoli, vous mar-
« cherez dans une autre voie Sacrée, au milieu de ces
« glorieux souvenirs.

« Conservez cette discipline sévère qui est l'honneur
« de l'armée. Ici, ne l'oubliez pas, il n'y a d'ennemis
« que ceux qui se battent contre vous. Dans la bataille,

« demeurez compactes, et n'abandonnez pas vos rangs
« pour courir en avant. Défiez-vous d'un trop grand
« élan : c'est la seule chose que je redoute.

« Les nouvelles armes de précision ne sont dange-
« reuses que de loin; elles n'empêcheront pas la baïon-
« nette d'être, comme autrefois, l'arme terrible de
« l'infanterie française.

« Soldats! faisons tous notre devoir, et mettons en Dieu
« notre confiance. La patrie attend beaucoup de vous.
« Déjà, d'un bout de la France à l'autre, retentissent
« ces paroles d'un heureux augure : La nouvelle armée
« d'Italie sera digne de sa sœur aînée.

« NAPOLÉON. »

« Gênes, le 12 mai 1859. »

Cette proclamation, traduite aussitôt en italien, fut
affichée sur les murs de la ville, et causa une vive impression parmi les Génois. Ce langage élevé, éloquent,
poétique même, et qui conservait pourtant toute l'énergique brièveté des ordres du jour militaires, ne pouvait
manquer d'être compris par la population. Il est inutile
de dire l'accueil que lui firent nos soldats.

Comme le disait avec raison l'Empereur, il n'est pas
besoin de stimuler leur ardeur; mais le soldat français
se montre toujours sensible à la confiance qu'on met en
lui, et il était heureux d'avoir entendu de la bouche
même de l'Empereur l'assurance que la France comptait
plus que jamais sur son courage et sa discipline. Dans
les postes et dans les camps la proclamation fut lue à
haute voix, et chaque mot en fut bien vite compris.

Le même jour, S. A. I. le prince Napoléon, appelé à

4

commander le 5ᵉ corps d'armée, adressait à ses troupes un ordre du jour conçu en ces termes :

« Soldats du 5ᵉ corps de l'armée d'Italie,

« L'Empereur m'appelle à l'honneur de vous com-
« mander. Plusieurs d'entre vous sont mes anciens ca-
« marades de l'Alma et d'Inkermann. Comme en Crimée,
« comme en Afrique, vous serez dignes de votre glo-
« rieuse réputation. Discipline, courage, ténacité, voilà
« les vertus militaires que vous montrerez de nouveau
« à l'Europe, attentive aux grands événements qui se
« préparent. Le pays qui fut le berceau de la civilisa-
« tion antique et de la renaissance moderne va vous
« devoir sa liberté ; vous allez le délivrer à jamais de
« ses dominateurs, de ces éternels ennemis de la France
« dont le nom se confond dans notre histoire avec le
« souvenir de toutes nos luttes et de toutes nos vic-
« toires.

« L'accueil que les peuples italiens font à leurs libé-
« rateurs témoigne de la justice de la cause dont l'Em-
« pereur a pris la défense.

« *Vive l'Empereur! vive la France! vive l'indépendance italienne!*

> « *Le prince commandant en chef le*
> « 5ᵉ corps de l'armée d'Italie,
>
> « Napoléon (Jérome). »

Le vendredi matin, 13 mai, le roi Victor-Emmanuel s'empressa de venir *incognito* saluer son allié et son gendre. L'entrevue des deux souverains fut très-expansive. Après être resté une heure ou deux au plus avec ses augustes hôtes, le roi repartit pour retourner à son poste, c'est-à-dire à la tête de son armée.

Le lendemain 14 mai, l'Empereur, accompagné des ministres du Piémont, du ministre de l'Algérie et des colonies françaises et de notre ambassadeur en Sardaigne, quitta la ville de Gênes au milieu des mêmes manifestations enthousiastes qui n'ont point cessé depuis son entrée en Italie. Le train impérial se mit en route à deux heures après-midi par le chemin de fer d'Alexandrie. Cette voie ferrée, qui traverse les Apennins, et qui a coûté cent trente-cinq millions, fait le plus grand honneur au gouvernement sarde; elle atteste les ressources et l'activité de ce pays énergique, qui en a poursuivi la construction malgré des circonstances difficiles. L'Empereur s'arrêta quelques instants à Arquata et à Novi, pour passer en revue les troupes échelonnées par ses ordres. Sur tout le parcours, les populations et les troupes en marche se pressaient aux points d'où l'on pouvait apercevoir l'Empereur, et le saluaient de cris d'allégresse. A quatre heures moins quelques minutes, le convoi impérial traversait la rivière de la Bormida, laissait à gauche la plaine où s'est livrée l'immortelle bataille de Marengo, et à quatre heures il entrait dans la gare d'Alexandrie. La locomotive pavoisée et le seul bruit des tambours battant aux champs annoncèrent son arrivée. L'Empereur avait défendu qu'on tirât le canon, disant que devant l'ennemi la poudre ne devait servir qu'à lancer des boulets. Mais, aussi rapide que l'éclair, cette nouvelle s'était répandue dans la ville, et les cris enthousiastes poussés par des milliers de voix étaient plus énergiques que ne l'eût été la voix bruyante du canon.

L'Empereur fut reçu par les autorités civiles et militaires; il monta à cheval presque aussitôt et se rendit au palais royal. Les rues qu'il eut à parcourir dans ce trajet ressemblaient à des berceaux de guirlandes et de draperies ; toutes les maisons avaient disparu derrière les tentures aux couleurs de France et de Piémont, qui du premier étage tombaient jusqu'à terre. Sur toute la ligne, les troupes françaises des 3e et 4e corps formaient la baie de droite, les troupes piémontaises et la garde nationale de la ville celle de gauche. En quelques instants, le sol fut jonché de fleurs jetées de tous les étages ; c'était une pluie qui semblait obscurcir le soleil, et qui effrayait les chevaux de l'escorte. Ce n'étaient partout qu'arcs de triomphe et trophées, portant des inscriptions remarquables.

Sur la *Piazzetta*, un buste en marbre de Napoléon Ier avait été placé sur un piédestal, et était entouré de quatre colonnes surmontées de vases contenant des fleurs. Au-dessous de l'image de l'Empereur on lisait cette inscription :

A NAPOLEONE III
A VITTORIO EMMANUELE II
QUESTA MUTA ELOQUENTE EFFIGIE
RIVENDICATA ALLA LUCE
DOPO IL TRATTATO DI VIENNA
ATTESTERA CONCERTANDOLE
LE GLORIE DI FRANCIA
LE ITALICHE SPERANZE

De chaque côté de la place étaient des trophées aux armes de France et de Savoie ; sur l'un d'eux on lisait cette inscription :

AUX SOLDATS DE L'ARMÉE DES ALPES
AUX SOLDATS DE L'ARMÉE SARDE
LES ARRIÈRE-PETITS-FILS DES DÉLIVRÉS A LEGNANO
LES FILS DES DÉLIVRÉS A MARENGO.

Sur la *Piazza larga*, où est situé le palais royal, se pressait une foule compacte de plus de dix mille personnes, qui ne cessa de faire entendre des applaudissements et des bravos prolongés, longtemps encore après que l'Empereur fut entré dans le palais. Napoléon III était visiblement ému de cet enthousiasme, et dut, pour y répondre, se montrer à plusieurs reprises au balcon de ses appartements.

Quelques moments après, S. M. le roi de Sardaigne vint rejoindre l'Empereur et dîna avec lui.

Le dimanche 15 mai, à midi, l'Empereur, accompagné des maréchaux Vaillant et Canrobert et des officiers de sa maison, se rendit à la cathédrale. La garde nationale formait la haie sur son passage. Sa Majesté fut reçue à la porte de l'église par le chapitre de la cathédrale, avec le cérémonial d'usage ; la messe fut célébrée, au milieu du recueillement de tous les assistants, par M. l'abbé Laine, chapelain de l'Empereur.

Après comme avant la messe, la population accourue sur le passage de Sa Majesté manifesta par de nouvelles acclamations le sentiment dont elle était animée.

CHAPITRE IV

Nous allons maintenant revenir un peu en arrière,
pour donner à nos lecteurs une idée des mouvements qui
s'étaient opérés et de la position des armées belligérantes au moment où Napoléon III, arrivé à Alexandrie,
allait prendre le commandement en chef de l'armée
franco-sarde.

Le jour où le baron Kellerberg était venu à Turin si-
gnifier l'*ultimatum* de l'Autriche, l'armée piémontaise se
trouvait concentrée autour de la forteresse d'Alexandrie,

une des clefs de l'Italie, dont les nouvelles fortifications ont encore accru l'importance. La réponse du roi Victor-Emmanuel n'était pas douteuse, et dès lors la violation du territoire piémontais devenait imminente. On pouvait même craindre que l'ennemi, avant que l'armée française pût soutenir les forces nationales, ne tentât une pointe sur Turin.

On songea donc à couvrir la capitale.

La frontière militaire du Piémont commence, à proment parler, à la Sesia d'une part, à la Scrivia de l'autre, avec les défenses avancées de Lagogna et de Staffora; mais la faiblesse numérique des Piémontais les contraignit de se replier sur des positions plus centrales pour y attendre la jonction de l'armée française; elles se placèrent donc sur la ligne de la Dora-Baltea, ligne que M. Manabrea, officier du génie très-distingué, avait été chargé de mettre dans un état de défense capable d'arrêter pendant quelque temps la marche des Autrichiens sur la ville. La Dora-Baltea, affluent de la droite du Pô, prend sa source au versant occidental du mont Blanc, passe à Ivrée, ville qui a joué un certain rôle dans les anciennes guerres, mais à présent tout à fait démantelée, et, après un cours d'environ cent kilomètres, va se jeter dans le Pô à douze kilomètres au-dessous de Chivasso. Son lit n'est ni assez large ni assez profond pour arrêter la marche d'une armée; cependant sa rive droite commande presque partout la rive gauche, et peut, à l'aide de quelques ouvrages de campagne, être rendue assez respectable. C'est ce qu'entreprit M. Manabrea, et il y réussit aussi bien que pouvaient le permettre les dispositions du terrain, et le petit nombre de troupes chargées de défendre cette ligne, longue de plus de cent kilomètres.

Les troupes destinées à la défense de la Dora-Baltea se composaient de la quatrième division de l'armée sarde, échelonnée tout le long de la rivière; de la brigade de Savoie, placée en seconde ligne à Caluso, village situé derrière Mazze, au milieu de délicieuses collines, où se fait un vin renommé, et où l'on pourrait fort bien prendre position contre un ennemi qui aurait réussi à forcer le passage de la rivière. Au centre, entre Caluso et Chivasso, on plaça une forte réserve de grosse cavalerie, avec quatre batteries montées. Une autre réserve d'infanterie se tenait à Chivasso. Enfin, pour empêcher les Autrichiens de passer le Pô au-dessous du confluent de la Dora, on avait coulé les bacs de Verrua et de Pontestura, amené toutes les barques sur la rive droite, et une colonne de 2,500 hommes, sous les ordres de Garibaldi, était échelonnée sur la même rive, à la hauteur de Brosolo, poussant ses avant-postes jusqu'à Pontestura, tandis que, sur la rive gauche, toutes les routes qui de Verceil conduisent à la Dora étaient éclairées au loin par de forts piquets de cavalerie, qui formaient un cercle partant de Santhia à gauche, et venaient par Cighiano, Livorno et Trino aboutir à la Dora. Toutes ces troupes formaient un total de 20,000 hommes environ, commandés par le lieutenant général Cialdini, officier plein d'énergie, qui s'est fait favorablement connaître dans la guerre de la péninsule espagnole, et dans celle de l'indépendance italienne, en 1848.

Cette ligne ainsi garnie n'était certainement pas capable de contenir un ennemi nombreux décidé à la forcer; mais, comme nous l'avons dit, on n'avait eu pour but, en la défendant, que de retarder sa marche assez longtemps pour permettre aux Français d'accourir au secours du territoire envahi.

Le gros de l'armée sarde, composé de quatre divisions d'infanterie, de quatre régiments de chevau-légers et de douze batteries, était placé sur la droite du Pô, appuyant sa gauche à Casale et sa droite à Valenza, occupant fortement les collines de San-Salvadore et la citadelle d'Alexandrie, et ne laissant sur la route qui de cette ville conduit par Tortona et Voghera à Pavie et à Plaisance que de faibles avant-gardes de cavalerie, chargées seulement de surveiller les mouvements de l'ennemi. Le roi avait établi son quartier général dans une jolie villa dépendant de San-Salvadore, et située sur la colline qui sépare ce bourg de celui de Castelletto. Dans cette position, l'armée sarde, obligée, à cause de son infériorité numérique, de ne pas s'éloigner du canon d'Alexandrie, était cependant en mesure de faire bonne contenance dans le cas, alors très-probable, où les Autrichiens auraient tenté de se jeter entre Alexandrie et Novi pour empêcher la jonction de cette armée avec les divisions françaises débarquées à Gênes.

Cette manœuvre, que tout le monde s'attendait à voir exécuter, n'eut cependant pas lieu. Et pourtant l'Autriche avait de longue main préparé son plan de campagne, accumulé sur les bords du Tessin un appareil de guerre formidable, et rassemblé à Pavie, c'est-à-dire à deux pas de la frontière sarde, des forces imposantes destinées à entrer au premier signal sur le territoire piémontais. Une invasion opérée avec cette promptitude foudroyante dont nos armées seules semblent avoir le secret, pouvait inquiéter sérieusement le Piémont.

En effet, du Tessin, soit qu'on le franchisse à Buffalora, à Abbiate-Grasso ou à Pavie, il n'y a jusqu'à Turin, en suivant la rive gauche du Pô, que de cent cinq à cent dix kilomètres. La route parcourt un pays plat, sillonné par des cours d'eau sans importance, qui n'offrent pas de ligne de défense jusqu'à la Dora-Baltea, à trente-trois kilomètres de Turin. En tournant par leur gauche les retranchements improvisés de cette ligne, gardée, comme nous l'avons dit, par des forces insuffisantes, les Autrichiens pouvaient pousser une pointe vigoureuse sur Turin, où ils arriveraient en quelques heures. Là ils se trouveraient placés entre l'armée piémontaise, réunie dans le camp d'Alexandrie, et les vallées des Alpes, par lesquelles devaient déboucher les troupes françaises arrivant par le mont Cenis et par le mont Genèvre.

Si enfin une autre partie de leur armée avait manœuvré sur la rive droite du Pô, elle pouvait arriver, sans livrer bataille, jusque devant Alexandrie. Par sa gauche, s'étendant dans la direction de Novi et de Gavi, elle coupait la voie ferrée qui de Gênes conduit à Alexandrie et à Turin. Mais la première condition pour la réussite de cette double manœuvre était la célérité de l'attaque. Il fallait marcher sans perdre un instant, sans laisser à l'armée piémontaise le temps de s'organiser, sans donner surtout à notre armée le temps de voler à son secours.

La cour de Vienne, dès l'instant où elle se décidait à encourir la responsabilité qui s'attachait à la rupture brutale des négociations, devait agir avec secret et célérité. Au lieu de cela elle laisse connaître, deux jours avant l'arrivée à Turin de son envoyé, le contenu de la dépêche qu'il était chargé de remettre; puis le délai fixé dans son *ultimatum* étant expiré, elle laisse s'écouler encore deux à trois jours avant de franchir le Tessin.

Profitant de ces tergiversations et de ces délais, le gouvernement sarde prépare sa défense avec une activité prodigieuse, tandis que la France met son armée sur pied, organise des transports et accourt renforcer les

troupes de son allié. Quelque habitués que soient les
Autrichiens à la rapidité de nos mouvements depuis les
premières guerres d'Italie, cette soudaineté les a complétement déconcertés. Sans doute ils n'ignorent pas,
car ils en font eux-mêmes usage, que le télégraphe électrique, les voies ferrées et la navigation à vapeur, ont
décuplé la facilité des communications et des transports;
mais eux qui, avec ces mêmes moyens, avaient mis plusieurs mois à réunir une armée de deux cent mille
hommes en Lombardie, ne pouvaient se figurer que les
Français pourraient en quelques jours, transporter en
Piémont une armée presque aussi nombreuse que la
leur, et dont les éléments se trouvaient encore dispersés
à Paris, à Lyon et en Algérie. Aussi les généraux autrichiens, lorsqu'ils se décidèrent à franchir le Tessin,
croyaient-ils avoir devant eux un certain temps avant
que nous pussions rallier l'armée sarde.

Ces lenteurs, ces hésitations leur occasionnèrent un
double mécompte. Pendant ces huit jours qu'ils avaient
perdus, le beau temps qui régnait avait fait place à des
pluies torrentielles, qui augmentèrent singulièrement
pour l'armée autrichienne les difficultés de l'invasion.
D'un autre côté, au moment même où cette armée entrait
sur le territoire piémontais, nos soldats partis d'Afrique,
de Toulon ou de Marseille, débarquaient à Gênes, tandis
que la première colonne des régiments partis de Lyon
franchissait le mont Cenis et arrivait à Turin.

C'est le 29 avril, date désormais historique, que les
Autrichiens franchirent le Tessin, en trois colonnes.
Un premier corps d'armée composé de huit bataillons et
de trois batteries partit de Pavie et traversa le Gravel-
lone, canal de dérivation formant en avant de cette
ville la limite des deux États. Un autre corps d'armée

plus considérable pénétra, dans la nuit du 29 au 30, par Buffalora et Abbiate-Grasso, à Cussalo, près de Vigevano. Enfin, le 30 au matin, un troisième corps d'armée, débarqué par la flottille du lac Majeur, occupa, sur la rive occidentale, Intra-Pallanza et Arona, ou les fils du télégraphe électrique qui communique avec la Suisse furent coupés. L'invasion se déployait donc sur toutes les frontières du Piémont, depuis le confluent du Pô et du Tessin jusqu'au lac Majeur. Ces trois corps d'armée se mettent en marche le 30 avril. Les avant-postes piémontais se replient, et commencent à employer un moyen de défense qui retarde efficacement la marche des Autrichiens. Ils lèvent les écluses des innombrables canaux qui servent à l'irrigation des rizières ; les routes sont coupées par des fossés distants seulement de cent mètres. Les envahisseurs se trouvent perdus au milieu des plaines de la Lomelline, complétement inondées.

Cependant leur marche, si elle fut ralentie, ne put être arrêtée. Fidèles à leur système d'attaques concentriques, les colonnes autrichiennes se resserrèrent et se portèrent d'abord sur Novarre, où elles entrèrent le 1er mai, à trois heures de l'après-midi. De là elles s'avancèrent sur Verceil, détachant sur Mortara une colonne de deux mille hommes, qui prit possession de cette ville. Les armées alliées, n'étant pas encore réunies, les laissent franchir la Sesia et s'avancer par la rive droite du Pô. Le même jour, un quatrième corps autrichien, fort de vingt-cinq mille hommes, et commandé par le général Benedek, franchit le fleuve entre Corte-Olona et Pavie, et marche par la rive droite sur Stradella. En même temps de nombreux bataillons français arrivaient sur la Scrivia.

Le 2 mai, dans la soirée, Verceil est occupé par les

Autrichiens, qui se rendaient ainsi maîtres du cours de
la Sesia, sur la rive droite de laquelle est située cette
ville, l'une des trois places fortes qui protègent Turin
du côté de la Lombardie. Le gros de l'armée ennemie
restait toujours concentré sur la rive gauche du Pô.
15,000 Autrichiens arrivent à Sannazaro et à Lomello,
où le feld-maréchal Giulay établit son quartier général.

Le 3 mai, le mouvement de l'ennemi se dessine davantage. Un corps arrive à Trino, un peu au-dessus de
Casale, tandis qu'à la droite de cette ville un autre
corps fait des préparatifs pour forcer le passage. Il jette
deux ponts sur le Pô, l'un entre les bourgs de Cambro,
sur la rive gauche, et de Sale, sur la rive droite, au-
dessus du confluent de la Scrivia et au-dessous de celui
du Tanaro ; le second entre la Scrivia et le Curone,
près des villages de Gerola et de Cornale. Les troupes
traversent le Pô sur ces ponts, et occupent Castel-
Nuovo-della-Scrivia, Ponte-Curone, Voghera et Tortone.

Pendant que les Autrichiens construisaient ces ponts,
ils engageaient une forte canonnade d'une rive à l'autre
du Pô, auprès de Valence d'abord, puis à Frassinetto,
à 3 kilomètres au-dessous de Casale. La première de ces
deux attaques avait pour objet de détruire les piles du
pont de Valenza ; la seconde, qui paraissait d'abord
n'être qu'une diversion, prit toutes les proportions
d'une attaque sérieuse. Ce fut le premier engagement
un peu important entre les deux armées. Les incidents
et les résultats de ce combat font le plus grand honneur
au courage et au sang-froid de nos alliés. Voici un extrait
des détails donnés par les bulletins officiels.

« Le 3 mai, vers les quatre heures et un quart de
l'après-midi, l'ennemi opéra une forte reconnaissance

offensive sur la rive gauche du Pô, en face de Frassinetto, avec tentative pour passer sur la rive droite.
Après avoir établi ses forces à la hauteur de Terra-Nuova,
derrière la levée de la rivière, il ouvrit contre les avant-
postes piémontais un feu très-vif de mousqueterie et de
fusées à la congrève.

« Le 17ᵉ régiment d'infanterie et la 17ᵉ batterie, de
garde en cet endroit, soutinrent avec intrépidité l'attaque jusqu'à l'arrivée d'un renfort. Averti par les déto-
nations de l'artillerie, le major général Cialdini s'empressa de sortir de Casale avec le 15ᵉ régiment d'infanterie, deux escadrons des chevau-légers Montferrat et
la 3ᵉ batterie de bataille, afin de venir en aide aux
troupes de Frassinetto et de repousser l'ennemi au delà
de la rivière, s'il était parvenu à la passer. Mais avant
qu'il fût arrivé sur les lieux, l'ennemi avait déjà cessé
le feu et s'était replié. Dans la nuit suivante, l'ennemi
tenta encore de construire deux ponts de bateaux en
face de Frassinetto; mais, assailli par le feu des batteries piémontaises, il fut contraint d'abandonner son
projet et de se retirer, après avoir éprouvé des pertes
nombreuses. Ce combat ne coûta aux Piémontais que
6 morts et 27 blessés. »

En même temps une démonstration avait lieu contre
la tête du pont de Casale, probablement pour couvrir les
reconnaissances poussées le long du Pô jusqu'à Trino,
à 16 kilomètres de Casale, sur la route de Turin. Les
troupes qui avaient opéré ce mouvement se replièrent
le 5 mai après leur échec de Frassinetto sur Verceil, et
y construisirent des ouvrages défensifs. Le soir, elles
occupèrent Trino et Pobiello, mais pour en sortir le
lendemain. Ces deux points ont été, du côté de la Dora,
la limite de l'invasion autrichienne. Le 6, le général

Cialdini, sorti de Casale pour opérer une forte reconnaissance, enlevait un convoi de bestiaux. Le lendemain, l'ennemi, revenu en force sur Casale, tentait d'enlever le pont, et subissait un nouvel échec. Enfin peu à peu l'ennemi se repliait sur sa base d'opérations, abandonnant les positions qu'il avait prises au bord de la Sesia, les terres de Castel-Nuovo et de Tortone, après toutefois avoir prélevé, comme partout où il passait, de fortes réquisitions de vivres et de fourrages. C'est à ce genre d'exploits que s'était bornée l'expédition autrichienne depuis son passage du Tessin. On dirait que le but de ces marches et de ces contre-marches n'a été que de ravitailler l'armée envahissante aux dépens des malheureuses populations de la Lomelline et du Verceillois; car on n'aperçoit dans les plans du général en chef que confusion et hésitation quant à ses mouvements stratégiques.

Pendant que les Autrichiens perdaient un temps précieux en tâtonnements, symptômes évidents de l'indécision des chefs, les Français avançaient avec ordre et rapidité, mais avec prudence et sans rien donner au hasard.

Nos troupes, débarquées à Gênes, avaient commencé le 30 avril à se mettre en marche sur Alexandrie, après avoir été passées en revue par le maréchal Baraguay-d'Hilliers. Ce maréchal, retenu à Gênes par une indisposition, avait été momentanément remplacé par le général Mac-Mahon, qui échelonna son corps d'armée sur toute la route de Gênes à Alexandrie par Gravi, ligne d'une importance capitale, Gênes étant le point par où les communications avec la France étaient les plus promptes et les plus sûres.

Le vrai point stratégique de cette route, couverte d'ailleurs par la Scrivia, est la ville de Novi, où le maréchal Baraguay-d'Hilliers transporta son quartier général. Située sur un plateau élevé, cette ville domine le débouché des montagnes et de la plaine. Nous avons dit de quelle importance eût été pour l'ennemi l'occupation de ce point, et avec quelle surprise on avait vu qu'il avait négligé de s'en emparer. Aussi nos généraux se gardèrent bien de commettre la même faute.

Le maréchal Canrobert, arrivé à Turin dans les derniers jours d'avril, après avoir visité, avec le général Niel et le roi Victor-Emmanuel, la ligne de la Dora-Baltea, où avaient été exécutés par le général Manabrea les travaux de défense dont nous avons parlé plus haut, s'occupa immédiatement de concentrer sur la Dora les divisions qui avaient traversé le mont Cenis et le mont Genèvre. Il était secondé dans ce travail par le général sarde Durando, réputé le meilleur stratégiste du Piémont. Au fur et à mesure que de nouvelles troupes arrivaient, on continuait à les masser sur la ligne défensive formée depuis Ivrée jusqu'à Chivasso par la Dora-Baltea, et depuis ce dernier point jusqu'à Alexandrie par le Pô et le Tanaro.

A compter de ce moment, toute manœuvre offensive cesse de la part des Autrichiens. Leur armée se rassemble, du 10 au 15 mai, entre la jonction du Pô avec le Tessin et l'embouchure de la Trebbia. Elle achève d'évacuer précipitamment la Lomelline, et achemine son artillerie en Lombardie par le pont de Molta-Visconti. Cependant la concentration de ses forces sur la rive droite du Pô, entre Stradella et Broni, semble indiquer qu'elle ne veut pas encore abandonner le territoire piémontais, et qu'elle se fortifie sur ces points pour attendre une démonstration de l'armée franco-sarde. La rive gauche du Pô est presque complétement évacuée, et les avant-postes ont même abandonné Verceil pour se replier sur Mortara, où est établi le quartier général de Giulay.

Telle était la situation des armées belligérantes au moment de l'arrivée de l'Empereur à Alexandrie. Leur proximité, le rapprochement de leurs avant-postes, les petites escarmouches qui commençaient à avoir lieu à chaque instant et la présence de l'Empereur, tout faisait présager un conflit prochain et sanglant.

CHAPITRE V

Effet produit à l'armée par la présence de l'Empereur. — Divers mouvements sont opérés. — Reconnaissances militaires faites par l'Empereur. — Ses visites dans différentes localités. — Canonnade près de Valenza. — Effet des canons rayés. — Visite de l'Empereur au champ de bataille de Marengo. — Le *musée Marengo*. — La chambre du premier consul Bonaparte. — L'ossuaire. — Signes précurseurs d'un engagement prochain entre les armées ennemies. — Combat de Montebello. — Rapport du général Forey. — Ordre du jour de l'armée.

L'Empereur, qui, du palais des Tuileries, à l'aide du télégraphe électrique, suivait, pour ainsi dire, pas à pas et heure par heure les mouvements de son armée depuis son départ de France et d'Afrique, ainsi que les mouvements de l'ennemi depuis qu'il avait franchi le Tessin, avait calculé l'instant précis où il devait arriver au milieu de ses troupes et en prendre le commandement suprême. Quand il transporta son quartier général à Alexandrie, c'est-à-dire au point central des opérations, tout le gros de l'armée était en ligne; il ne restait plus à arriver que quelques régiments de cavalerie de la garde et de la ligne, qui avaient pris le chemin de la Corniche par Draguignan et Nice, ainsi qu'une partie de l'artillerie et du matériel.

Sa présence imprima aussitôt une nouvelle activité et un nouvel ensemble de direction à l'armée.

Le 15 mai, au matin, les divisions Renault et Bour-

baki, du 3ᵉ corps, allèrent occuper Valenza et Monte;
le général Canrobert porta son quartier général à Tortone. Le lundi 16 mai, l'Empereur sortit à cheval pour
faire une reconnaissance militaire, accompagné de l'aide-
major général et de plusieurs personnes attachées à
sa maison militaire. Il se rendit ensuite à la citadelle
d'Alexandrie, qu'il visita dans tous ses détails.

En quittant cette forteresse, il continua sa reconnaissance militaire sur Valenza, parcourut les rives du Pô
et poussa jusqu'aux avant-postes français. Plusieurs
fois, sur son passage, il rencontra des troupes en
marche : les soldats étaient fatigués par une longue
traite, et la pluie, qui n'avait cessé de tomber depuis
la veille, avait percé leurs vêtements; mais, à la vue
de leur souverain qui venait partager leurs fatigues et
leurs dangers, ils retrouvaient l'entrain et la gaieté,
qualités caractéristiques de nos soldats.

Les excursions de l'Empereur continuèrent les jours
suivants. Le 17 mai, il se rendit à San-Salvatore, et de
là à Occimiano, où venait d'être établi le quartier général du roi Victor-Emmanuel. Le temps n'était malheureusement pas favorable à ces promenades militaires ; la
pluie, qui n'avait presque pas cessé depuis le commencement de la campagne, continuait de tomber à tor-
rents. Ce mauvais temps n'empêchait pas Napoléon III
de se porter chaque jour dans les environs d'Alexandrie,
de visiter successivement toutes les villes et les villages
du voisinage où étaient cantonnées les troupes françaises. Il faisait toutes ces courses à cheval, en petite tenue
de général, et suivi d'un petit nombre de personnes. Partout, dans les campagnes, il recevait un accueil chaleureux. Dans les plus simples villages, dans les plus
petits groupes d'habitations, les paysans, surpris, sor-

taient de leurs maisons et prenaient une attitude pleine
de respect, tout en criant à tue-tête : *Viva Napoleone!*

Quant à nos troupes, la présence de l'Empereur semblait avoir doublé leur élan et leur émulation; elles brû-
laient de se mesurer avec l'ennemi. Des escarmouches
continuelles avaient lieu d'une rive à l'autre du Pô; les
chasseurs tyroliens et nos chasseurs à pied semblaient
s'essayer entre eux pour juger de la portée de leurs carabines. Mais cette fusillade était à peu près sans résultat
de part et d'autre. Cependant, à Valenza, le 18 mai, le
feu devint plus vif, et à un moment donné l'artillerie
autrichienne tonna sur toute la ligne. On ne se rendait
pas compte d'abord de cette attaque furieuse; mais
bientôt on reconnut que l'ennemi, ayant vu remuer sur
la rive gauche des barques échouées que leurs propriétaires cherchaient à tirer à sec, s'était imaginé que
l'on voulait préparer un pont de passage, et s'était mis
à tirer avec acharnement sur ces malheureuses barques
ainsi que sur un moulin à bateau placé sur cette rive. On
le laissa brûler sa poudre; et ce qu'il y avait de plus extraordinaire que la canonnade, c'était l'attitude de nos
soldats placés sous la portée des canons, et qui, sans riposter, jugeaient du mérite des coups, comme s'ils eussent
été des spectateurs désintéressés. Des enfants qui se trouvaient là couraient après les boulets, les ramassaient et
venaient les vendre aux amateurs pour 50 ou 75 cen-
times. Du reste, soit que les artilleurs autrichiens ne
fussent pas très-habiles, soit que leurs pièces man-
quassent de précision, ils ne firent, pendant deux heures
qu'on les laissa tirer, qu'une assez faible besogne.

Enfin le général de Luzy, commandant de la division
stationnée à Valenza, résolut de faire cesser ce feu, plus
incommode par son bruit que par ses effets, et de donner

en même temps à l'ennemi un petit spécimen de l'habileté de nos pointeurs et de la portée de notre artillerie. Par son ordre, la 7ᵉ batterie du 12ᵉ d'artillerie, capitaine de Rennes, installa quatre de ses pièces sur l'esplanade que dominent les ruines du château, et quatre autres un peu plus bas, en dehors de la ville. C'était une batterie de canons rayés, dont l'essai n'avait pas encore été fait, le régiment n'en ayant été pourvu qu'au moment de l'entrée en campagne, en échange des anciennes pièces lourdes à traîner et de portée ordinaire.

Une foule de curieux assistaient à cette manœuvre, et les artilleurs eux-mêmes se montraient vivement préoccupés de l'effet de ces nouveaux canons. Le but qu'il fallait atteindre était éloigné de deux mille six cents mètres. Un premier boulet part (boulet d'essai); il va tomber au milieu du fleuve. Tout le monde suit des yeux son sillon sur l'eau; plusieurs personnes hochent la tête d'un air désappointé. « Le point de mire est trop bas, » dit froidement un lieutenant, et il le rectifie. On recommence; et cette fois le projectile arrive en plein sur la batterie ennemie, éclate au milieu des hommes et des chevaux, et, à en juger par le mouvement qui se fait aussitôt, tue ou blesse en jetant l'effroi. Les spectateurs applaudissent des mains et de la voix à nos habiles artilleurs. Au même instant nos huit pièces tonnent à la fois; chaque coup porte avec une telle précision, que les ouvrages en terre élevés pour protéger la batterie ennemie volent littéralement en poussière. Les Autrichiens essaient timidement de riposter; mais leurs boulets en fer plein viennent tomber et mourir sans effet à une grande distance de nos positions, tandis que nos boulets creux, lancés par les canons rayés, éclatent comme des obus au milieu des artilleurs ennemis.

Après trois ou quatre volées de notre batterie, l'ennemi s'enfuit au galop, abandonnant sa position, où il ne restait plus ni terrassements, ni palissades, ni autres ouvrages.

Le lendemain, l'Empereur vint à Valenza pour constater l'effet destructeur produit par notre artillerie. Il se promena longtemps sur la rive droite, inspectant tranquillement avec une lorgnette ce qui se passait sur la rive gauche, et suivant les mouvements des avant-postes ennemis.

Une des premières visites de l'Empereur, pendant son séjour à Alexandrie, a été pour Marengo, ce champ de bataille à jamais illustré par la victoire du 14 juin 1800, et qui n'est éloigné que d'une demi-lieue de cette ville. Un spéculateur ou un amateur génois (je ne saurais quel titre lui donner) a eu l'idée, il y a quelques années, de perpétuer en quelque sorte matériellement le souvenir de cette grande journée. Il a acheté le point le plus mémorable, le plus vénéré de cette magnifique plaine. C'était une simple ferme, située au centre même du terrain de la bataille, et où le premier consul Bonaparte avait logé après la victoire. L'acquéreur a eu l'idée d'enclaver sa propriété dans une construction bizarre, pour ne pas dire de mauvais goût. A la place de l'humble ferme qui avait logé le vainqueur de Marengo, il a fait élever une grande maison, dont les dépendances figurent assez mal un château fort avec créneaux et meurtrières. Du reste, et ici il faut l'en louer, il a eu le bon goût de conserver religieusement la modeste chambre du rez-de-chaussée telle qu'elle était le jour où le premier consul y signa l'armistice de dix-huit jours que demandaient les vaincus. Aussi c'est cette chambre seule, et non pas sa belle maison neuve, que l'Empereur demanda à visi-

ter ; c'est ce que font du reste tous les passants, et ce
qu'ont fait tous nos officiers. Une seule fenêtre grillée
éclaire cette chambre obscure, et c'est sur la tablette de
cette fenêtre que Bonaparte donna sa signature. A la
même place, un registre est constamment ouvert aujour-
d'hui, et chaque visiteur est invité à y inscrire son nom.
Les murs, blanchis à la chaux, sont garnis d'armes de
toute espèce retrouvées en labourant le sol du champ
de bataille : des baïonnettes, des poignards, des fusils,
des pistolets, des casques, des épaulettes; c'est un véritable musée. A terre sont amoncelés des éclats d'obus,
des boulets, des balles, dont une teinte rougeâtre atteste
le service et les lamentables exploits. Une vitrine placée
en face de la fenêtre renferme la chaise de velours bleu
sur laquelle s'est assis Bonaparte, et l'encrier de plomb
qui lui servit à écrire une date immortelle. Au-dessus,
le sabre et les pistolets de Desaix rappellent le nom de
celui qui acheva la victoire.

On détache difficilement les yeux de ces objets, deve-
nus en quelque sorte sacrés ; et cependant il reste à en
voir d'autres plus propres encore à nous émouvoir...
Derrière la maison, au fond d'un jardin magnifiquement
entretenu, s'élève une chapelle où sont réunis sur des
tablettes de marbre tous les ossements des morts de la
grande bataille que la charrue, le temps et les vicissi-
tudes des saisons ont ramenés à la surface du sol. Français ou Autrichiens, les nationalités ont disparu, et leurs
cendres se confondent dans cet immense ossuaire. Le
cœur se serre à la vue de ces débris, dont Dieu seul sait
le nombre ; et il faudrait être dépourvu de tout sentiment
de religion et d'humanité pour ne pas s'agenouiller devant les restes de ces héros obscurs dont les exploits ont
bercé notre enfance, et ne pas implorer pour le repos de

leurs âmes le Dieu des miséricordes (1). A cent pas de
cet ossuaire, un bloc de marbre surmonté d'un buste
attire l'attention. C'est à cette place qu'est tombé Desaix ;
cette terre a bu le sang du général dont l'habile manœuvre venait de donner le succès à notre drapeau. Sur
la pierre on lit cette inscription laconique : 14 juin 1800.
Une inscription plus longue serait moins éloquente. A
quelques pas plus loin coule la Bormida, où tant d'Autrichiens trouvèrent la mort dans cette journée.

Les militaires français qui visitèrent ces tristes et glorieux débris pendant le séjour de Napoléon III à Alexandrie, ne purent sans doute se défendre d'une certaine
émotion en pensant que quelques jours plus tard les fils
des vainqueurs et des vaincus de Marengo allaient se
livrer dans ces mêmes contrées des batailles aussi san-
glantes, et fournir aux générations futures de quoi former
des trophées non moins glorieux et des ossuaires non
moins funèbres.

Tout en effet semblait annoncer qu'il se passerait peu
de temps avant que les armées en présence en vinssent
aux mains. Les derniers détachements de la garde qui

(1) Voici ce qu'écrivait, à l'occasion de la visite de l'Empereur à
Marengo, un officier qui faisait partie de l'escorte de Sa Majesté :

« Dans la cour du château, nous avons rencontré l'aumônier de
l'Empereur ; il était venu d'Alexandrie pour le même motif que nous.
Après avoir examiné la salle d'armes, nous nous sommes dirigés vers
le jardin, où se trouve une chapelle renfermant les os des victimes de
cette bataille trouvés dans les champs environnants.

« Nous étions très-nombreux devant cette chapelle. L'aumônier, se
tournant du côté de la foule, a demandé si nous consentions à nous
joindre à lui dans la prière qu'il allait prononcer pour le repos des
victimes de cette mémorable journée. Pour toute réponse, chacun s'est
découvert et a mis genou en terre, et la prière a été dite à haute voix,
dans le plus profond recueillement.

« La prière terminée, l'aumônier a pris congé de nous très-gracieu-
sement, en nous donnant rendez-vous à Milan pour un *Te Deum* qu'il
doit chanter. »

restaient à Gênes, ou qui étaient campés sur la route
d'Alexandrie, arrivèrent dans cette dernière ville le 19,
ainsi qu'un détachement des cent-gardes, qui à dater de
ce jour fournit l'escorte de l'Empereur. En même temps
les autres corps se portaient en avant dans différentes
directions, mais toujours se rapprochant de l'ennemi.
Ainsi un engagement prochain devenait inévitable.

Les Autrichiens, qui regardaient, et avec raison,
comme le point le plus important de leurs opérations le
défilé de Stradella, où les premiers contre-forts des Apennins viennent baigner leur pied dans les eaux du Pô, et
Montebello comme le poste avancé qui commande les
deux routes de Pavie et de Plaisance, résolurent d'occuper ce dernier point. Dans la matinée du 20 mai, une
colonne de 15 à 18,000 Autrichiens, du corps d'armée
général, commandée par le comte Stadion, s'avança vers
Casteggio, qui n'était protégé que par quelques escadrons
de cavalerie piémontaise sous les ordres du général de
Sonnaz. A la vue des bataillons ennemis, les habitants
avaient barricadé l'entrée du village; mais ce ne fut pour
le canon qu'un obstacle insignifiant. La cavalerie, après
des prodiges de valeur et quatre charges héroïques, fut
écrasée par le nombre, et se replia sur Voghera. L'ennemi, qui les poursuivait, occupa Montebello presque
sans coup férir, et, descendant la colline vers Voghera,
s'établit vers Ginestrello, et se trouva bientôt en face
des avant-postes de notre 1er corps, fournis par la division Forey.

Le général Forey, ne croyant, sur les indications
imparfaites qui lui furent fournies d'abord, qu'à une
simple reconnaissance, s'avança immédiatement avec
environ huit cents hommes. Ces hommes sont placés en
tirailleurs; mais bientôt les masses compactes de l'en-

nemi ne laissent plus de doute sur le véritable but de
cette démonstration. Ordre est donné immédiatement
de faire avancer le reste de la division ; et pendant que
cet ordre s'exécute, une poignée de braves tient en
échec l'armée autrichienne. Le moment est solennel :
la moindre hésitation peut compromettre notre droite.
La conduite du colonel Cambriels est admirable. Entouré
d'une centaine d'hommes que le feu épargne miraculeu-
sement, il fait une résistance héroïque qui prépare le
résultat de la journée.

A l'arrivée de la division, l'engagement devient général, et les nouveaux contingents, quoique numériquement
inférieurs, parviennent enfin à rétablir l'équilibre entre
des forces si disproportionnées, par l'élan et la bravoure
avec lesquels ils abordent les diverses positions que défend
une forte artillerie. Par suite de son éloignement et
du mauvais état des chemins, la nôtre, au contraire, ne
peut fonctionner très-rapidement. Toutefois, pendant que
quelques canons sont efficacement servis contre le gros
des Autrichiens, deux autres sont montés à bras par nos
artilleurs sur une butte d'où ils balaient la plaine avec un
grand succès. Serré de près avec une vigueur extraordinaire par les bataillons disponibles du 74e, du 84e, du
91e, du 98e et le 17e chasseurs à pied, l'ennemi est forcé
de se retirer, et ce mouvement de retraite est accéléré par
une brillante charge de cavalerie commandée par le général de Sonnaz.

Alors toutes les troupes s'ébranlent et poursuivent les
Autrichiens jusque dans le village de Montebello, d'où
elles ne les délogent qu'à force d'énergie. Chaque maison subit une attaque, et chaque rue est le théâtre d'un
combat ; c'est dans un de ces combats que le général
Beuret trouve la mort ; mais à aucun moment, et sur

aucun point, la supériorité numérique de l'ennemi ne peut prévaloir contre l'ardeur et l'intrépidité de nos troupes.

On ne lira pas sans émotion le rapport simple et modeste adressé sur cette affaire par le général Forey au maréchal Baraguay-d'Hilliers, et transmis par ce dernier à l'Empereur.

« Voghera, le 20 mai 1859, minuit.

« Monsieur le maréchal,

« J'ai l'honneur de vous rendre compte du combat que ma division a livré aujourd'hui.

« Averti à midi et demi qu'une forte colonne autrichienne, avec du canon, avait occupé Casteggio et avait repoussé de Montebello les grand'gardes de cavalerie piémontaise, je me suis porté immédiatement aux avant-postes, sur la route de Montebello, avec deux bataillons du 74e, destinés à relever deux bataillons du 84e cantonnés sur cette route, en avant de Voghera, à hauteur de la Madura.

« Pendant ce temps, le reste de ma division prenait les armes; une batterie d'artillerie (6e du 8e régiment) marchait en tête.

« Arrivé au pont jeté sur le ruisseau dit Fossagazzo, extrême limite de nos avant-postes, je fis mettre en batterie une section d'artillerie, appuyée à droite et à gauche par deux bataillons du 84e, bordant le ruisseau avec leurs tirailleurs.

« Pendant ce temps, l'ennemi avait poussé de Montebello sur Ginestrello, et ayant été informé qu'il se dirigeait sur moi en deux colonnes, l'une par la grande route, l'autre par la chaussée du chemin de fer, j'or-

donnai au bataillon de gauche du 74ᵉ de couvrir la
chaussée à Cascina-Nuova, et à l'autre bataillon de se
porter à droite de la route, et en arrière du 84ᵉ.

« Ce mouvement était à peine terminé, qu'une vive
fusillade s'engageait sur toute la ligne entre nos tirailleurs et ceux de l'ennemi qui marchait sur nous, soutenant ses tirailleurs par des têtes de colonne débouchant
de Ginestrello. L'artillerie ouvrit son feu sur elles avec
succès ; l'ennemi y riposta.

« J'ordonnai alors à ma droite de se porter en avant.
L'ennemi se retira devant l'élan de nos troupes ; mais,
s'apercevant que je n'avais qu'un bataillon à la gauche
de la route, il dirigea contre lui une forte colonne.
Grâce à la vigueur et à la fermeté de ce bataillon, commandé par le colonel Cambriels, et à des charges heureuses de la cavalerie piémontaise, admirablement conduite par le général de Sonnaz, les Autrichiens durent
se retirer.

« A ce moment, le général Blanchard, suivi du 98ᵉ
et d'un bataillon du 91ᵉ (les deux autres étaient restés
à Oriolo, où ils ont eu un engagement), me rejoignait
et recevait l'ordre d'aller relever le bataillon du 74ᵉ,
chargé de défendre la chaussée du chemin de fer et de
s'établir fortement à Cascina-Nuova.

« Rassuré de ce côté, je poussai de nouveau ma droite
en avant, et m'emparai, non sans une résistance sérieuse,
de la position de Ginestrello. Jugeant alors qu'en suivant avec le gros de l'infanterie la ligne des crêtes, et
la route avec mon artillerie protégée par la cavalerie piémontaise, je m'emparerais plus facilement de Montebello,
j'organisai ainsi mes colonnes d'attaque sous les ordres
du général Beuret :

« Le 17ᵉ bataillon de chasseurs, soutenu par le 84ᵉ et

le 74ᵉ disposés en échelons, s'élancèrent sur la partie sud de Montebello, où l'ennemi s'était fortifié.

« Il s'engagea alors un combat corps à corps, dans les rues du village, qu'il fallut enlever maison par maison. C'est pendant ce combat que le général Beuret a été blessé mortellement à mes côtés.

« Après une résistance opiniâtre, les Autrichiens durent céder devant l'élan de nos troupes; et, bien que vigoureusement retranchés dans le cimetière, ils se virent encore arracher à la baïonnette cette dernière position, aux cris mille fois répétés de *Vive l'Empereur!*

« Il était alors six heures et demie; je jugeai qu'il était prudent de ne pas pousser plus loin le succès de la journée, et j'arrêtai mes troupes derrière le mouvement de terrain sur lequel est situé le cimetière, garnissant la crête avec quatre pièces de canon et de nombreux tirailleurs qui refoulèrent les dernières colonnes autrichiennes dans Casteggio.

« Peu de temps après, je vis les colonnes autrichiennes évacuer Casteggio, en y laissant une arrière-garde, et se retirer par la route de Casatisma.

« Je ne saurais trop me louer, monsieur le maréchal, de l'entrain de nos troupes dans cette journée; tous, officiers, sous-officiers et soldats, ont rivalisé d'ardeur. Je n'oublierai pas non plus les officiers de mon état-major, qui m'ont parfaitement secondé.

« J'aurai l'honneur de vous adresser ultérieurement les noms de ceux qui se sont le plus particulièrement distingués.

« Je ne connais point encore le chiffre exact de nos pertes; elles sont nombreuses, surtout en officiers supérieurs, qui ont payé largement de leurs personnes. Je les évalue approximativement au chiffre de 6 à 700 hommes tués ou blessés.

« Celles de l'ennemi ont dû être considérables, à en juger par le nombre des morts trouvés, surtout dans le village de Montebello.

« Nous avons fait environ 200 prisonniers, parmi lesquels se trouvent un colonel et plusieurs officiers.

« Plusieurs caissons d'artillerie sont également tombés en notre pouvoir.

« Pour moi, monsieur le maréchal, je suis heureux que ma division ait été la première engagée avec l'ennemi. Ce glorieux baptême, qui réveille un des beaux noms de l'Empire, marquera, je l'espère, une de ces étapes signalées dans l'ordre du jour de l'Empereur.

« Je suis avec respect, monsieur le maréchal,

« Votre très-humble et très-obéissant serviteur,

Le général commandant la 1re *division du* 1er *corps,*

« FOREY. »

« *P. S.* D'après les renseignements qui me viennent de tous côtés, les forces de l'ennemi ne sauraient être au-dessous de 15 à 18,000 hommes, et, si j'en croyais les rapports des prisonniers, elles dépasseraient de beaucoup ce chiffre. »

Dès le lendemain, l'Empereur faisait mettre à l'ordre du jour de l'armée la belle conduite de la division Forey. Voici le rapport que le maréchal Vaillant, major général de l'armée d'Italie, adressait aux généraux en chef commandant les cinq corps de cette armée :

« Monsieur le général en chef,

« Un beau fait d'armes vient d'inaugurer brillamment la campagne.

« L'Empereur m'ordonne d'en donner les détails à votre connaissance.

« Une colonne de 15,000 Autrichiens a attaqué, le 20 mai, à midi, les postes avancés du 1er corps ; elle a été repoussée par la division du général Forey, qui s'est admirablement conduite et qui a enlevé le village de Montebello après un combat acharné de cinq heures.

« La cavalerie piémontaise, commandée par le général de Sonnaz, a chargé avec une rare intrépidité.

« L'ennemi a laissé le champ de bataille couvert de ses morts. Nous avons fait 200 prisonniers, dont un colonel et plusieurs officiers, et nous avons enlevé quelques caissons d'artillerie.

« De notre côté, nous avons 5 à 600 hommes hors de combat.

« Le général Beuret, le colonel de Bellefonds, le commandant Duchet ont été tués ; plusieurs officiers supérieurs ont été blessés. »

CHAPITRE VI

Curieux rapprochement entre le combat de Montebello du 20 mai 1859
et celui du 9 juin 1800. — Effet moral produit sur notre armée par
cette première victoire. — Détails particuliers sur le combat de Montebello. — Extrait d'une lettre d'un sous-officier de chasseurs à pied.
— Particularités sur la mort du général Beuret. — Visite de l'Empereur au champ de bataille de Montebello. — Pertes de part et d'autre
éprouvées dans cette rencontre. — Les blessés. — Les prisonniers. —
Générosité et humanité des soldats français. — Passage de la Sesia
par le général Cialdini. — Reconnaissance armée faite par le roi de
Sardaigne. — Garibaldi et les volontaires italiens connus sous le nom
de *chasseurs des Alpes*. — Premiers exploits de ce général. — Il
pénètre dans la Lombardie et s'avance jusqu'à Côme, dont il s'empare.
— Ces succès ne paraissent pas effrayer le général Giulay. — Ses
motifs de sécurité.

C'est un curieux rapprochement, bien digne de fixer
l'attention, que celui qui se présente naturellement à
l'esprit quand on se rappelle que le village de Montebello, dont le nom vient de s'attacher à la première victoire qui ouvre notre campagne de 1859, a été également
illustré il y a cinquante-neuf ans (9 juin 1800) par une
des plus heureuses victoires de nos anciennes campagnes
d'Italie. Seulement les circonstances dans lesquelles eut
lieu la mémorable bataille qui valut plus tard au maréchal Lannes le titre de duc de Montebello, ne présentent avec le combat du 20 mai d'autre analogie que
l'infériorité numérique de nos troupes, l'impétueuse
valeur de nos soldats et la similitude des localités. Quant
à la position des armées belligérantes, elle était tout à

fait différente. Les Français venaient de Milan et de Plaisance, se dirigeant sur Alexandrie, tandis que les Autrichiens venaient de Gênes, défendue si héroïquement par
Masséna, et occupaient le Piémont. Le premier consul,
qui avait reconnu l'importance de la position de la Stradella, importance que nous avons signalée plus haut,
avait chargé Lannes de la défense de ce point, en lui
commandant de se porter en avant sur Montebello, si,
comme il était probable, les Autrichiens tentaient de
forcer les défilés par ce point. On sait ce qui arriva.
Lannes fut attaqué, comme l'avait prévu le premier
consul, le 9 juin, en avant des défilés de la Stradella, à
Casteggio et à Montebello. Après un combat qui dura
depuis onze heures du matin jusqu'à huit heures du soir,
les Autrichiens furent complétement battus, et s'enfuirent abandonnant une foule de prisonniers (1).

Dans ce premier combat, les Français étaient beaucoup moins nombreux que les Autrichiens; mais ils
avaient l'avantage de la position. Dans celui du 20 mai
1859, au contraire, outre l'infériorité du nombre, nous
avions à débusquer un ennemi qui occupait ces mêmes
positions de Montebello, de Casteggio et de la Stradella,
que Napoléon Ier regardait comme si importantes, et
qu'avaient en vain voulu nous enlever les Autrichiens.
La situation dans les deux combats était donc inverse,
et cependant le résultat a été le même.

Quant à l'effet moral produit sur nos troupes par cet
éclatant succès au début de la campagne, il fut immense, incalculable. On y vit le présage de quelque
grande victoire, comme autrefois le triomphe remporté
par nos armes au même endroit fut le précurseur de

<hr/>

(1) Voir l'*Histoire du Consulat et de l'Empire*, par M. Thiers, t. I.

6

l'immortelle victoire de Marengo. Magenta et Solferino devaient montrer bientôt que ce présage n'avait pas été trompeur.

Les détails généraux contenus dans le rapport du général Forey ne suffiraient pas pour satisfaire la légitime curiosité de nos lecteurs, avides de connaître les moindres circonstances de cette brillante affaire, où rien n'a manqué pour rendre notre gloire plus complète. Nous allons tâcher de suppléer au silence modeste du général, et donner à nos lecteurs autant de détails intéressants que l'espace nous le permettra, en choisissant, parmi les nombreux renseignements publiés ou inédits, ceux qui ont un cachet de vérité incontestable.

Le général Forey ne parle pas de lui-même, et cependant sa conduite a été héroïque; c'est le mot employé par ses propres soldats pour la caractériser. Le général s'est trouvé un moment auprès des lignes autrichiennes seul avec l'un de ses aides de camp, pendant que les autres officiers d'état-major partaient dans toutes les directions pour amener le reste de la division au secours des cinq cents hommes arrivés les premiers. Dans cette position les balles sifflaient autour du général Forey; mais, impassible et calme au milieu du feu, il ne cessait d'exciter ses soldats du geste et de la voix. Quand la retraite des Autrichiens commença, il monta sur une espèce d'observatoire où il était encore plus exposé, et il continua de donner avec un grand sang-froid les ordres pour la poursuite de l'ennemi. Quand celui-ci fut en pleine déroute, le général descendit du monticule, et fut accueilli par les acclamations chaleureuses de ses soldats.

La conduite du colonel Cambriels n'a pas été moins admirable. Entouré d'une centaine d'hommes que le feu

de l'ennemi avait épargnés, il fit une résistance qui pré-
para le résultat de la journée. Grâce à lui les renforts
purent arriver à temps, et dès lors la défaite des Autrichiens ne fut pas un moment douteuse.

Du reste, dans cette affaire, on peut dire que tous les
officiers de tout grade déployèrent une bravoure cheva-
leresque, et nos soldats une impétuosité, un élan admirables. Il est certain que l'effectif de nos troupes engagées ne dépassait pas 4,000 hommes, tandis que,
d'après les rapports des généraux autrichiens, leurs
forces s'élevaient à seize bataillons, six escadrons et
seize pièces de canon, formant un effectif de 18 à
20,000 combattants. Il est bon de remarquer que la
division Forey, qui a pris part tout entière à l'affaire,
à l'exception de quatre bataillons laissés sur un autre
point, était à ce moment la moins nombreuse de l'armée. Partie la première de France, elle n'avait pas
encore reçu les soldats en congé renouvelable qui
devaient compléter son effectif.

Comme si nous devions avoir contre nous tous les
avantages et y suppléer à force d'intrépidité, le sol, dé-
trempé par les pluies, ne permit pas au général de faire
usage de son artillerie. Sur douze pièces de canon qu'il
avait à sa disposition, il ne put pendant tout le combat
se servir que de quatre, deux dans la plaine attelées, et
deux autres montées à bras sur un monticule.

Nous compléterons ces détails sur le brillant fait
d'armes de Montebello par l'extrait d'une lettre écrite
par un acteur de ce drame sanglant le lendemain même
de l'affaire. On y trouvera des particularités remarquables sur la mort du général Beuret; nous pen-
sons que ce récit vif, imagé, d'une allure toute militaire, fera plaisir à nos lecteurs.

« Hier au matin, à onze heures, nous étions au campement, à deux portées de fusil en avant de Voghera, assis en rond autour d'une large marmite où mijotaient, pour le déjeuner de l'escouade, quelques tranches de lard dans beaucoup d'eau; tout à coup une pétarade de coups de fusil assez vive se fait entendre dans la direction des hauteurs de Casteggio.

« Nous nous levons, il fallait voir avec quelle rapidité! nous sautons sur nos armes, et nous attendons.

« Pendant dix minutes, rien; la fusillade continuait; nous apercevions une grande animation dans nos grand'gardes.

« Nous n'étions que deux compagnies de soutien : ce n'était guère, vous pensez, en cas d'attaque. Notre capitaine allait et venait, les coups de feu paraissaient se rapprocher, et toujours rien des grand'gardes, rien de Voghera. C'était à n'y rien comprendre.

« Nous écoutions, la main crispée sur le canon de nos carabines. Tout à coup le *qui vive* des sentinelles avancées se fait entendre, et il est répété par les grand'gardes.

« Un cavalier lancé au galop, tête nue, couvert de boue et de sang, passe auprès de nous; il portait l'uniforme d'officier de cavalerie sarde. Couché sur les crins de sa bête, il lui labourait les flancs à coups d'éperons; son sabre nu pendait au poignet droit; il nous cria : *Aux armes ! les Autrichiens !* et il disparut au tournant du chemin.

« Nous voulions partir; quelques-uns s'étaient élancés en avant. Le capitaine se jeta au travers de la route, en menaçant de passer son sabre dans le ventre du premier qui bougerait. Et il l'aurait fait! Nous sommes rentrés dans l'ordre.

« Il n'y avait pas cinq minutes que l'officier sarde
était passé, nous entendîmes les clairons sonner le rap-
pel au camp, et presque au même instant le général
Forey, avec trois aides de camp, passait ventre à terre ;
derrière lui, au pas gymnastique, suivait le 17ᵉ chasseurs, qui nous rallia, et un quart d'heure après nous
nous jetions en tirailleurs le long d'une petite rivière
dont le nom m'échappe.

« Notre mission était de protéger l'établissement d'une
batterie destinée à battre en brèche la tête d'une colonne
autrichienne. Sur l'indication du lieutenant, mes douze
hommes et moi nous nous portâmes derrière un pli de
terrain parfaitement commode pour masquer notre feu
et nous mettre à couvert.

« Nous n'étions pas couchés le ventre dans la boue,
qu'une poignée de Tyroliens cachés par les arbres de
gauche ouvrent le feu sur nos camarades, beaucoup
plus découverts que nous ne l'étions. En moins de temps
que je ne mets à vous l'écrire, ils avaient couché quinze
des nôtres par terre. Cela nous mit en rage ; mes hommes
et moi, sans nous concerter, sans nous le dire, nous
sautons à l'eau et nous courons à la baïonnette sur les
trente à quarante chasseurs que nous apercevions, et
derrière lesquels on en apercevait d'autres.

« Notre exemple entraîna trois compagnies, et bientôt
un bataillon du 74ᵉ. Mal nous en a pris : accueillis par
un feu bien nourri, nous avons dû rétrograder, car
nous n'avions plus à faire à quelques centaines de Tyroliens, mais bien à une colonne énorme forte d'au moins
8,000 hommes, qui s'avançait par la chaussée du
chemin de fer.

« Nous gênions nos artilleurs : le commandant Lacre-
telle fait sonner la retraite ; nous frémissons de colère,

Heureusement nous ne reculâmes guère; on nous établit près de la Cassina-Nuova, avec ordre de faire feu à volonté le plus possible.

« Donc, pendant deux heures, debout, à genoux, cachés, allant à droite, courant à gauche, immobiles, nous avons brûlé nos cartouches, les premières! Nous n'étions pas à plus de deux cent cinquante mètres de l'ennemi.

« Les officiers nous retenaient parce que nous n'étions pas en nombre pour courir *à la fourchette!* Du reste, c'était le plus prudent : cette fusillade, meurtrière pour les uniformes blancs, ne nous faisait que peu de mal. Nos balles coniques pénétraient toutes dans ces masses profondes; celles des Autrichiens sifflaient à nos oreilles et nous respectaient.

« C'était la première fois que je voyais le feu, et je n'étais pas le seul. Eh bien! j'ai été content de moi. Dame! j'ai *salué* les premières balles, c'est vrai! mais Henri IV, dit-on, en faisait autant au commencement de chaque bataille. Puis, c'est là un effet physique indépendant de la volonté.

« Mais ce tribut payé, Monsieur, si vous saviez comme chaque détonation électrise! C'est comme un coup de fouet dans les jambes pour un cheval de course. Les projectiles sifflent à vos oreilles, soulèvent la terre autour de vous, tuent l'un, blessent l'autre : c'est à peine si vous y faites quelque attention. Vous êtes gris; l'odeur de la poudre prend à la gorge et monte au cerveau. L'œil s'injecte de sang, le regard est fixe, tendu sur l'ennemi; il y a de toutes les passions dans cette passion terrible qu'éveillent chez un soldat la vue du sang et le bruit du du combat.

« Ainsi que je vous le disais plus haut, notre compagnie n'a pas eu trop à souffrir de cet engagement *à la cible.* Mon sous-lieutenant, M. R..., a été blessé au moment où il venait de jeter à bas son troisième Autrichien avec le fusil de mon sergent-major, tué roide de deux balles, l'une à la tête, l'autre au cou.

« Nos artilleurs, pendant ce temps, faisaient merveilles, et leurs boulets perçaient à jour les rangs ennemis, qui ripostaient d'ailleurs en fort bons termes.

« Tout cela finit par où l'on aurait peut-être dû commencer. Le colonel Dumesnil tombe de cheval, blessé; on l'entoure, on crie : *A la baïonnette!* et nous nous jetons à corps perdu sur les Croates.

« Ils nous reçoivent avec fermeté; cela augmente la rage générale; le lieutenant F... nous crie : « Mes enfants! avec la crosse! » et voilà les crosses en l'air. Le désordre se met dans les rangs ennemis; nous employons alors la baïonnette, et nous les reconduisons vivement à Montebello. Là c'était bien une autre affaire : ils se retranchaient dans les maisons, ils tiraient par les fenêtres, il fallait faire la courte échelle pour arriver à eux.

« J'ai vu le général Beuret, intrépide, se multipliant, bravant les balles, le sabre au poing. Il allait par les rues, donnant ses ordres, actif et calme cependant. Je l'ai encore devant les yeux! Au coin d'une maison cernée par quatorze chasseurs, un capitaine venait d'être frappé, il roule; le général Beuret s'élance vers lui. On le relève, il retombe. « Il est mort, » dit-il. Le général Forey s'avançait, deux trompettes à ses côtés, derrière lui un officier d'état-major.

« Notre pauvre général l'aborde, ils échangent quelques mots après s'être serré la main. « Tout va bien! » disaient-ils. Ils font dix pas : cinq Tyroliens pourchassés fuyaient devant eux; soudain ils se retournent, on les serrait de près : ils tirent, le général Beuret lâche les rênes, chancelle, et, soutenu par quelques soldats, rend le dernier soupir.

« On se jette sur les Tyroliens, on les met en pièces ; le 84ᵉ s'exaspère, il ne fait plus de quartier, l'ennemi commence à battre en retraite. Il sacrifie 300 hommes qui protégent sa fuite par un feu terrible, derrière les retranchements improvisés qu'ils s'étaient faits dans le cimetière.

« Je n'étais pas à cette attaque, qui a été la plus meurtrière de la journée ; on nous avait envoyés à la poursuite des fuyards, que nous poussâmes jusqu'à Casteggio. Ah ! si nous avions eu de la cavalerie !

« On me dit que les Sardes se sont admirablement conduits ; je le crois, car leurs morts jonchaient le sol, criblés de blessures, mutilés par les baïonnettes autrichiennes... »

Le lendemain du combat de Montebello, l'Empereur partit le matin d'Alexandrie par le chemin de fer de Voghera, et de là se transporta à cheval sur le champ de bataille. Il était encore jonché de cadavres. On avait passé la nuit et les premières heures du jour à enlever les blessés ; mais l'Empereur a pu voir la campagne dans l'état où l'avaient en quelque sorte laissée les deux armées.

C'est le maréchal Baraguay - d'Hilliers qui accompagnait l'Empereur ; le général Forey avait reçu la veille, sur le fourreau de son sabre, une balle dont le contre-coup avait produit une contusion qui ne lui permettait pas de monter à cheval. Il ne put que se présenter à l'Empereur, et s'avança en traînant un peu la jambe. L'Empereur l'embrassa en le félicitant, dans les termes les plus chaleureux, de sa brillante conduite. L'Empereur embrassa également le vaillant colonel Cambriels.

La visite faite par l'Empereur sur le champ de bataille n'excita pas la surprise des soldats, ils s'y attendaient; mais elle ne leur causa pas moins une joie inexprimable. Les blessés, en apercevant l'Empereur, poussaient des *vivat* chaleureux; et leurs camarades, qui les portaient sur des brancards ou à bras, s'arrêtaient pour agiter leurs képis et saluer leur souverain des mêmes acclamations. Les prisonniers autrichiens regardaient, eux aussi, curieusement le souverain de la France, et leurs yeux laissaient deviner une émotion que chacun comprendra.

Le général Stadion reconnaît avoir perdu, en tués, blessés ou prisonniers, 1,300 hommes, dont un général de brigade et un colonel. Nos pertes, y compris celles de la brigade piémontaise, en tués et blessés, s'élevait à environ 700 hommes. Mais le corps d'officiers des deux nations alliées, la cavalerie et l'artillerie furent cruellement décimés, hommes et chevaux, par les carabiniers ennemis, qui les abattaient avec une précision désespérante. Dans un pays coupé de haies, de canaux et de fossés, couvert de plantations, comme le Piémont et la Lombardie, la cavalerie n'a plus d'action, et les armes de précision acquièrent une importance qui annule presque celle de l'artillerie.

Une triste journée fut celle du lendemain de la bataille, et un spectacle navrant, celui du transport des blessés à Alexandrie. Plusieurs convois les amenèrent successivement à la gare du chemin de fer, d'où, les uns transportés sur des civières et les autres à pied, ils furent conduits à l'hôpital. Toute la population se pressait sur les pas de ces braves; et, quand ils furent installés dans l'hôpital, un grand nombre de dames de la ville qui avaient obtenu la permission de pénétrer dans plusieurs salles, arrivèrent munies de rafraîchissements et de provisions d'oranges, de sucreries, de fleurs destinées à ces pauvres soldats.

L'arrivée des prisonniers autrichiens eut aussi quelque chose de solennel et de triste. Ils entrèrent à Alexandrie, sous l'escorte d'un détachement du 7ᵉ chasseurs à cheval et d'une brigade de gendarmerie. En tête du convoi marchaient deux voitures renfermant des officiers blessés. Les prisonniers qui marchaient à pied portaient la plupart l'uniforme des soldats d'infanterie : parmi eux se trouvaient quelques chasseurs tyroliens et quelques hussards hongrois.

L'Empereur fit remettre dix francs à chaque soldat, et cent francs à chaque officier prisonnier; en outre, avant leur départ pour Gênes et pour Marseille, un repas copieux leur fut servi. De tels traitements produisirent sur ces malheureux une profonde impression ; mais ce qui les toucha surtout, ce fut la générosité de nos soldats, et les soins dont ils entouraient leurs blessés. Ces faits, qui se sont renouvelés souvent pendant cette guerre, ont montré que l'humanité de nos soldats envers leurs vaincus égalait leur courage sur le champ de bataille.

La journée du 20 mai marqua, comme on devait s'y attendre, le commencement d'une série d'opérations victorieuses de la part des alliés. Le lendemain du jour où le corps du comte de Stadion avait essuyé une déroute si complète à Montebello, le général Cialdini, par une habile manœuvre et une grande hardiesse, força le passage de la Sesia en deux endroits. Voulant s'emparer de la tête gauche du pont de Verceil, rompu par les Autrichiens, et protéger la construction d'un pont sur la

Sesia, le général mit en mouvement deux colonnes qui, passant la rivière, se réunirent sur le même point. Une de ces colonnes s'était rendue à Albano; elle avait passé à gué la Sesia; assaillie par un grand nombre d'ennemis embusqués, elle soutint un combat très-actif à Villata, jeta le désordre dans les rangs autrichiens et parvint à s'établir à Borgo-Vercelli, après avoir perdu peu de monde. L'autre colonne passa à gué la Sesia à Cappuc-chini-Vecchi, surprit deux compagnies ennemies et s'établit à Torrione. La perte des Piémontais fut légère, celle des Autrichiens considérable; ils laissèrent entre les mains des assaillants de nombreux prisonniers.

Sur un autre point, l'ennemi, voulant empêcher une reconnaissance armée commandée par S. M. le roi de Sardaigne en personne, déploya de grandes forces du côté de Palestro, à deux kilomètres environ en aval de Verceil. Partout son artillerie fut vaincue par l'artillerie sarde, et forcée à se taire. A la suite de cette démons-tration, les troupes royales occupèrent l'îlot en face de Terranova.

Tandis que ces événements s'accomplissaient au centre et à l'extrême droite de notre ligne d'opérations, le général Garibaldi, à la tête des volontaires italiens for-mant le corps connu sous le nom de *chasseurs des Alpes*, arrivait à Romegnano, le 23 mai; de là il se portait avec une rapidité incroyable à Arona, franchissait le Tessin au-dessous du lac Majeur, et, le premier des généraux de l'armée alliée, il entrait en Lombardie le 24, au-des-sous de Sesto-Calende. Le même jour, il arrivait à Va-rese, ville de 8,000 habitants, au pied des montagnes, où il entra sans résistance et aux acclamations du peuple, qui arbore aussitôt le drapeau piémontais. Tous les villages des environs, toute la rive lombarde du lac

Majeur se soulève en faveur de l'indépendance italienne et de l'union avec le Piémont. L'effervescence est telle, que les douaniers autrichiens et quelques fonctionnaires de cette nation ne peuvent s'échapper qu'avec peine en se réfugiant en costume civil sur le territoire suisse.

Le 26, à quatre heures du matin, Garibaldi fut attaqué à Varese par des troupes autrichiennes venues de Côme. Le premier choc fut terrible, mais le combat ne fut pas long; les volontaires de Garibaldi se servirent de la baïonnette comme l'auraient fait nos zouaves, et mirent en fuite leurs adversaires. A deux heures, les Autrichiens, au nombre de 8,000, revinrent à la charge. Cette fois, ils avaient du canon, et les barricades élevées à l'entrée de Varese pouvaient ne pas tenir longtemps contre le feu d'une batterie. Garibaldi lança encore ses volontaires à la baïonnette, et, après deux heures d'un combat acharné, les Autrichiens battirent en retraite, abandonnant trois canons et des prisonniers entre les mains des chasseurs des Alpes.

Le lendemain, nouvelle victoire. Avec son intrépide colonne, Garibaldi s'avance toujours au cœur de la Lombardie. Il marche sur Côme, rencontre les Autrichiens à Borgo-Vico. Un combat terrible s'engage; le tocsin sonne à toutes volées, et mêle sa lugubre voix aux éclats de l'artillerie et de la fusillade; les paysans accourent en foule se ranger sous les drapeaux de Garibaldi, et les Autrichiens, menacés partout, prennent la fuite précipitamment pour se rallier à Cancerlata, la tête de ligne du chemin de fer de Milan. Mais là encore une nouvelle défaite leur était réservée, et Garibaldi victorieux fit son entrée à Côme le 28 au soir. On l'attendait; les illuminations avaient été préparées pour le recevoir, de sorte

qu'en un clin d'œil toutes les fenêtres apparurent res-
plendissantes de lumières et de fleurs.

Cette marche audacieuse, cette série de victoires,
créait une diversion extrêmement importante à l'extrême
droite de l'armée autrichienne ; et si Garibaldi parvenait
à soulever la Lombardie, elle courait le risque de se
trouver entre deux feux.

Cependant les nouvelles de ce côté ne parurent pas
effrayer beaucoup le général Giulai ; soit qu'il n'atta-
chât pas une grande importance à ce qu'il affectait d'appeler l'échauffourée d'un chef de partisans, soit qu'il eût
des craintes plus sérieuses pour sa gauche et pour son
centre de la part d'un ennemi plus puissant et plus dangereux que Garibaldi, il se contenta d'envoyer contre
les chasseurs des Alpes le général Urban, commandant
des corps volants de l'armée, et qu'il jugeait suffisant
pour arrêter la petite troupe de Garibaldi. Si, comme
quelques-uns l'affirmaient, Garibaldi n'était que l'avant-
garde du corps du général Niel, et si les Franco-Sardes
préparaient une grande démonstration sur l'extrême
droite des Autrichiens, on était assez rassuré sur ce point,
parce que des masses considérables de troupes venant
d'Allemagne étaient à tout moment attendues à Milan.
Mais les Autrichiens n'avaient garde de se dégarnir sur
la gauche, où, d'après les dispositions des Français depuis le combat de Montebello, ils croyaient avoir tout à
craindre ; aussi s'étaient-ils concentrés et fortifiés avec
soin sur ce point important. Leur quartier général avait
été porté de Mortara à Garlasco, un peu en arrière de Ter-
dopio. A leur droite, ils occupaient Novarre et Orfenga,
entre cette ville et Borgo-Vercelli ; puis, par leurs avant-
postes, la rive gauche de la Sesia, à partir de Palestro.
A leur gauche, ils avaient conservé des troupes sur la

rive droite du Pô, aux abords du pont de Mezzana-Corti, placé sur la route qui de Pavie conduit à Casteggio, où elle rejoint celle de Plaisance à Voghera.

Nos troupes étaient cantonnées sur la rive droite du Pô, depuis Valenza jusque vers l'embouchure de la Staffora. Dès le lendemain du combat de Montebello, la plus grande partie du premier corps occupait Montebello et Casteggio, où elle paraissait fort occupée à se fortifier.

CHAPITRE VII

Mouvement de l'armée. — Premier combat de Palestro, entre les Piémontais et les Autrichiens. — Second combat, auquel prend part le
3e régiment de zouaves. — Détails sur l'attaque des zouaves. —
Brillante conduite de ce corps. — Les zouaves du 3e régiment sont
mis à l'ordre du jour de l'armée. — Proclamation du roi de Sardaigne
relative à la même affaire. — Les zouaves offrent au roi de Sardaigne
les canons qu'ils ont pris à l'ennemi. — Humanité des zouaves envers
les blessés autrichiens. — Soins donnés aux blessés après le combat.

Depuis le combat de Montebello et le passage de la
Sesia par le général Cialdini jusqu'au 30 mai, c'est-à-
dire pendant dix jours, les opérations des armées belligérantes sur les bords du Pô et de la Sesia paraissaient
n'avoir pour but que de se concentrer de part et d'autre,
tout en se rapprochant et en cherchant l'occasion de
s'attaquer avec le plus de chances de succès. On s'attendait à chaque instant à une affaire décisive, mais où et
quand aurait-elle lieu, c'est ce que personne ne pouvait
prévoir; ou, si quelqu'un le savait, le secret était bien
gardé.

Nous avons vu plus haut que les avant-postes piémontais occupaient Borgo - Vercelli, et les Autrichiens
Palestro, bourg du voisinage. Tous les jours de courtes
fusillades, des escarmouches continuelles s'échangeaient
entre les postes avancés; l'ennemi poussa même plusieurs reconnaissances sans résultat jusqu'à Borgo-
Vercelli. Mais aucun de ces mouvements n'avait rien
de bien sérieux.

Enfin, le 30 mai, un mouvement important commença à s'opérer. Le 3ᵉ corps de l'armée française reçut ordre de se diriger sur Prarolo et de franchir la Sesia sur ce point. Pour favoriser ce mouvement, le roi Victor-Emmanuel fit attaquer Palestro, où l'ennemi s'était retranché. A cet effet, un bataillon fut lancé par la route de Vercelli, et, arrivé à l'entrée du village, il s'y barricada. D'autres bataillons vinrent bientôt soutenir le premier et avec eux des bersaglieri (chasseurs à pied). Ainsi renforcés, les Piémontais firent irruption dans l'intérieur du village, dont un grand nombre de maisons étaient barricadées et crénelées. Malgré un feu des plus vifs, ils poussèrent jusqu'à l'extrémité opposée, où ils se rencontrèrent avec d'autres bataillons des leurs qui avaient tourné le village pour empêcher la retraite de deux pièces d'artillerie et d'un grand nombre de prisonniers. Après leur jonction, les Piémontais revinrent sur leurs pas pour attaquer les maisons fortifiées où les Autrichiens tenaient encore. L'engagement devint alors des plus meurtriers; toutes les maisons occupées furent enfoncées, et bon nombre de ceux qui s'y étaient défendus tombèrent sous les coups des assaillants; le reste fut fait prisonnier.

Pendant ce temps-là le 3ᵉ corps d'armée, sous les ordres du maréchal Canrobert, arrivait à Prarolo, au bruit de la fusillade et de la canonnade qui se faisait entendre du côté de Palestro, éloigné seulement de quatre à cinq kilomètres. La nuit du 30 au 31 fut employée par nos pontonniers à jeter un pont, ou plutôt trois ponts, sur la Sesia; car cette rivière se partage en trois bras, sur chacun desquels il fallut établir un pont.

Le 31 mai, à dix heures du matin, au moment où une seule division du 3ᵉ corps avait franchi la Sesia, les autres étant encore massées sur la rive opposée, ou engagées sur ce passage long et étroit, les Autrichiens vinrent en grandes forces attaquer les lignes piémontaises pour reprendre Palestro et empêcher, s'ils le pouvaient, la jonction du 3e corps d'armée française avec l'armée sarde, et couper les ponts que nous venions d'établir. Ce mouvement de l'ennemi était déjà très-bien dessiné, car il occupait avec de l'artillerie des relèvements de terrains voisins de la Sesia, et lançait des projectiles sur les troupes massées.

Pendant que les Autrichiens opéraient sur la gauche ce mouvement qui les rapprochait de la Sesia, leur centre était aux prises avec la division Cialdini, qui gardait la route de Palestro à Robbio, sur laquelle une batterie avec retranchements avait été établie. Le projet de l'ennemi était ainsi d'envelopper Palestro, tout en portant le gros de ses forces vers la Sesia.

En ce moment la canonnade et la fusillade devinrent animées, et tout faisait présager une attaque sérieuse. Le 3e régiment de zouaves, envoyé depuis la veille par l'Empereur à la disposition du roi Victor-Emmanuel pour opérer avec l'armée piémontaise, établissait son bivouac en avant et un peu à droite de Palestro, et les boulets autrichiens arrivaient jusqu'à lui. En un instant le camp est levé, et tout le régiment se porte en avant, déployant ses tirailleurs dans les champs de blé, et refoulant les tirailleurs autrichiens qui avaient traversé un canal à gué pour déborder notre droite. Ces tirailleurs se replièrent bien vite et repassèrent le canal.

Ici il est nécessaire de donner un aperçu de la nature du terrain et des difficultés qu'il présentait, pour faire comprendre toute l'importance de l'action qui allait se passer. Un canal appelé della Cascina, large et profond,

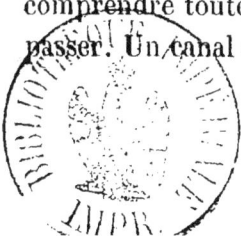

7

avec des berges élevées, sépare à gauche les zouaves des Autrichiens; sur la rive gauche du canal des rizières inondées sont impraticables, et derrière vient une route large bordée par un escarpement de trois mètres, et au-dessus un plateau assez vaste, limité par une rivière rapide dont les berges boisées et coupées à pic n'ont pas moins de quinze à vingt mètres d'élévation.

Quand le régiment de zouaves reconnut l'impossibilité de franchir le canal, il déploya ses tirailleurs et fit une marche de flanc le long de la berge droite jusqu'à un gué vaseux par où avaient passé les tirailleurs ennemis. Une rampe conduit du gué à la route en longeant les rizières; et devant ce gué, sur l'escarpement qui domine la route, les Autrichiens avaient établi une batterie d'artillerie qui mitraillait les zouaves au moment où ils entraient dans l'eau.

La position était critique : le colonel Chabron pousse un formidable cri de : *En avant !* qui est répété par tous les zouaves, et aussi rapides que l'éclair ils se précipitent dans le canal, qu'ils traversent aussi vite que le permet la nature vaseuse du gué, dans lequel on enfonce jusqu'à mi-corps. Arrivés sur la rive opposée, trois cents mètres les séparaient encore de l'artillerie autrichienne. En un instant cet espace est franchi, escaladé; les artilleurs autrichiens ont encore le temps de charger à mitraille leurs pièces et de les décharger deux fois; mais quand ils voulurent les recharger une troisième fois, les zouaves étaient arrivés ou plutôt avaient bondi sur eux, et à coups de baïonnettes et de crosses les abattaient sur leurs canons, sans leur donner le temps de se défendre.

Cette attaque a été une des plus belles et des plus audacieuses qu'aient jamais faites les zouaves même en

Afrique ou en Crimée. Malgré la mitraille qui labourait la plaine, fauchait les hommes en les frappant aux jambes, les rangs des assaillants se serraient, et c'est en masse compacte que le 3ᵉ arriva sur les batteries ennemies. Un major autrichien fait prisonnier dans cette affaire, interrogé sur l'effet produit par l'attaque des zouaves, déclara que ses hommes avaient été paralysés de stupeur et d'effroi. « Les zouaves ne couraient pas, ajouta-t-il, ils bondissaient dans la plaine comme pour laisser passer la mitraille entre leurs jambes, et, quand nous les avons eus près de nous, ils semblaient sortir de terre. Couchés à plat ventre dans les blés, ils se sont relevés comme des tigres, et nos artilleurs tombaient sous leurs coups sans avoir eu le temps de se reconnaître. » Les autres officiers prisonniers confirmaient ce récit, et tous avouaient qu'ils n'avaient pu croire jusque-là à l'existence de pareils soldats.

L'attaque si brusque, si foudroyante des zouaves, jeta le trouble dans les masses autrichiennes qui couvraient le plateau et qui devaient servir de soutien à l'artillerie ; elles se débandèrent en courant dans toutes les directions. Malheureusement pour elles, ce plateau est, comme nous l'avons dit, entouré par une rivière ou plutôt un torrent, nommé la Bucca, dont les bords sont extrêmement escarpés, et, poursuivis par la baïonnette dans la course effrénée de nos zouaves, ils se précipitèrent en grand nombre dans l'eau, où 4 à 500 se noyèrent ; les autres se rendirent. Ce n'était là que le premier acte de ce grand drame militaire. Une autre action non moins difficile fut entreprise, et ne fut pas moins brillamment exécutée.

Nous avons dit qu'une route se trouve au pied de l'escarpement qui venait d'être franchi. Cette route conduit de Palestro à une ferme près de laquelle est un pont en pierres jeté sur la Bucca. L'ennemi, croyant qu'une attaque sur ce point ne pourrait être tentée que par la route, avait établi sur le pont même deux pièces qui devaient en balayer les abords et enfiler la route dans une grande partie de sa longueur ; mais il avait compté sans le mouvement aussi habile qu'audacieux que les zouaves venaient d'opérer en escaladant le plateau, et sans la prévision de la possibilité d'être pris en flanc. Ainsi, après avoir refoulé jusque dans la rivière et fait prisonniers bon nombre d'Autrichiens, les zouaves, masqués par les broussailles des berges, revinrent par un mouvement à droite aussi précipité que le premier, et débouchèrent au haut du talus et par une rampe facile, à trente mètres au plus des pièces du pont. Tomber à la baïonnette sur l'ennemi massé autour des pièces et en arrière du pont fut l'affaire d'un clin d'œil. La ferme elle-même, garnie de défenseurs, fut en un instant enfoncée ou escaladée, et tous ceux qui se trouvaient dans la cour intérieure furent faits prisonniers.

L'ennemi était en pleine déroute. Il se retirait en toute hâte par le chemin de Robbio. Les zouaves ne voulurent pas arrêter au pont leur marche victorieuse, et pendant une heure encore ils poursuivirent les fuyards, jusqu'à ce que la prudence ou plutôt les ordres de leurs chefs leur commandassent de rétrograder.

Pendant que ce combat acharné se passait à notre extrême droite, le général Cialdini repoussait les Autrichiens qui avaient attaqué le centre de l'armée piémontaise, et le général Fanti répondait avec un égal succès à une autre attaque que l'ennemi avait dirigée sur Confienza, à notre extrême gauche.

Pendant toute la durée de cette bataille, le roi Victor-

Emmanuel se trouva au milieu des combattants, s'exposant parfois avec un courage qui allait jusqu'à la témérité. Ainsi il voulut rester près des zouaves pendant leur brillante attaque, malgré les conseils du brave colonel de Chabron; sa présence fut remarquée, et après la victoire ce prince fut chaleureusement acclamé par nos soldats.

Au moment de l'action, l'Empereur arrivait à Verceil. Il se rendit immédiatement sur le champ de bataille, qu'il parcourut en suivant le chemin que les zouaves avaient franchi dans leur course. En traversant le gué du canal, Napoléon III témoigna son étonnement et sa satisfaction de ce que ses soldats avaient pu réaliser malgré les difficultés. Au débouché du pont, il rencontra les zouaves, qui revenaient de la poursuite de l'ennemi. Aussitôt le régiment fit halte, les tambours battirent aux champs, les soldats présentèrent les armes, et l'Empereur parcourut le front du régiment au milieu des chaleureuses acclamations des zouaves.

Le lendemain, l'Empereur remercia le 3ᵉ zouaves de sa belle conduite en la signalant à toute l'armée par l'ordre du jour suivant :

Verceil, 1ᵉʳ juin 1859.

« La journée d'hier a été signalée par un nouveau fait
« d'armes à Palestro. L'armée de S. M. le roi de Sar-
« daigne, après avoir repoussé l'ennemi sur tout son
« front, a eu un instant sa droite débordée par les Au-
« trichiens, qui menaçaient le pont de bateaux jeté sur
« la Sesia, au moyen duquel le maréchal Canrobert
« devait opérer sa jonction avec le roi. L'Empereur
« ayant envoyé au roi le 3ᵉ zouaves, ce régiment fut
« chargé d'arrêter cette attaque. Déjà les Autrichiens

« avaient mis huit pièces en batterie en arrière d'un
« canal profond, dont le passage sur un pont étroit est
« couvert par un moulin et défendu par des rizières.

« Le 3ᵉ zouaves, commandé par son brave colonel de
« Chabron, après avoir jeté un coup d'œil sur la posi-
« tion, et avant que le roi ait eu le temps de le faire
« appuyer par du canon, s'est élancé sans faire feu sur
« la batterie ennemie, a tué à la baïonnette ou jeté à
« l'eau les compagnies de soutien placées en deçà du
« canal, s'est emparé des pièces et a fait 500 prison-
« niers. Le 3ᵉ zouaves a payé ce succès par un officier,
« 20 soldats tués et 200 blessés, dont 10 officiers. »

« L'Empereur met ce glorieux fait d'armes à l'ordre
« de l'armée. »

Le même jour, le roi de Sardaigne a adressé à ses
troupes la proclamation suivante, dans laquelle il donne
au 3ᵉ régiment de zouaves le surnom d'*Incomparable*,
qui lui restera.

Du quartier général principal, à Torrione, le 31 mai 1859.

« SOLDATS,

« Aujourd'hui un nouvel et éclatant fait d'armes a
« été signalé par une nouvelle victoire. L'ennemi nous
« a vigoureusement attaqués dans la position de Palès-
« tro : portant de puissantes forces contre notre droite,
« il voulait empêcher la jonction de nos soldats avec ceux
« du maréchal Canrobert. Le moment était suprême.

« Notre force était numériquement bien inférieure à
« celle de l'adversaire. Mais il avait en face de lui les
« braves troupes de la 4ᵉ division, sous les ordres du
« général Cialdini, et l'incomparable 3ᵉ régiment de

« zouaves (*l'impareggiabile* 3° *reggimento dei zuavi*),
« qui, combattant en ce jour avec l'armée sarde, a puis-
« samment contribué à la victoire. La lutte a été meur-
« trière; mais à la fin les troupes alliées ont repoussé
« l'ennemi, après lui avoir fait subir des pertes très-
« sérieuses, parmi lesquelles figurent un général et
« plusieurs officiers.

« Les prisonniers autrichiens s'élèvent à 1,000 envi-
« ron; huit canons ont été pris à la baïonnette, cinq
« par les zouaves, trois par les nôtres. Pendant que se
« livrait le combat de Palestro, le général Fanti, avec
« un égal succès, repoussait à la tête des troupes de sa
« division une attaque des Autrichiens contre Confienza.
« S. M. l'Empereur, en visitant le champ de bataille, a
« exprimé ses félicitations les mieux senties, et il a ap-
« précié l'immense avantage de cette journée. Soldats!
« persévérez dans votre conduite sublime, et je vous
« assure que le Ciel couronnera votre œuvre si coura-
« geusement commencée.

                                    « VICTOR-EMMANUEL. »

Si Victor-Emmanuel était content des zouaves, eux
aussi étaient enthousiasmés de la conduite du roi pendant la bataille, et après la victoire ils voulurent témoigner leurs sentiments pour lui en lui offrant les pièces
de canon qu'ils venaient de conquérir. « Vous auriez été
heureux, comme je l'ai été, écrit un témoin oculaire de
cette scène, de voir il y a un instant douze à quinze
zouaves attelés à une pièce de canon qu'ils amenaient
chez le roi. Ils étaient magnifiques de pose; un entre
autres, avec son front saignant à travers le bandage qui
le couvrait, poussait à la roue, une main fièrement appuyée sur la pièce, dont il semblait réclamer une part

pour prix de son sang. Il y avait là pour un tableau la composition la plus heureuse qu'on puisse imaginer. » J'ai oublié de dire, mais on l'a déjà deviné, que c'est un artiste qui écrit cette lettre; puisque j'ai commencé, j'en citerai encore quelques passages, que mes lecteurs liront sûrement avec plaisir :

« Je ne vous dirai rien de l'aspect du champ de bataille; c'est un de ces tableaux à émouvoir les plus endurcis. En certains endroits le sol était couvert de débris autrichiens, des sacs, des coiffures, des armes, des cartouchières. Il semblait qu'ils eussent abandonné tout ce qui pouvait les gêner dans leur fuite. Mais ce qu'il y a de véritablement attendrissant, ce sont ces scènes de l'enlèvement des blessés, dans lesquelles ces mêmes hommes qui venaient de porter la mort en faisant eux-mêmes un noble sacrifice de leur vie, viennent avec une sorte de tendresse enlever ceux qui souffrent, leur donner à boire comme le ferait une sœur de charité, et prodiguer de ces paroles affectueuses prononcées d'une voix qu'ils s'efforcent de rendre douce et persuasive. Je voyais deux zouaves, le fusil en bandoulière, relever un jeune Autrichien blessé. Ces deux mâles visages, bronzés par le soleil d'Afrique, et qui portaient encore autour des lèvres les traces noires des cartouches déchirées un instant auparavant, se penchaient maternellement sur ce blond jeune homme, et, en lui frappant amicalement dans les mains et sur la joue, lui disaient : « Ce ne sera rien, va; tu seras bientôt guéri ! » Et ils le plaignaient sincèrement, et prenaient mille précautions pour l'enlever sans le faire souffrir. C'est encore là un des caractères de nos soldats, si féconds en contrastes. Ils sont bouillants dans l'action, et d'une douceur attendrissante quand le danger a cessé, et qu'ils n'ont plus que des devoirs de frères à remplir envers les blessés (1). »

Quant à nos propres blessés, voici comment en parle le même écrivain : « A côté de la poésie du combat et après l'enivrement qui accompagne une victoire, il y a la chose affligeante, celle des douleurs à soulager. C'est l'aspect fâcheux de la situation, que nous savons cependant rendre encore supportable et souvent même intéressante. Au milieu de leurs maux nos soldats ne se plaignaient pas, et si quelquefois un cri sortait de leur bouche, c'était, pour ainsi dire, involontairement, et ils faisaient effort pour le réprimer. Nos ambulances n'ont donc pas cet aspect attristant qu'on pourrait leur supposer ; c'est au contraire le lieu où l'on peut prendre sur le fait tout le beau côté de notre armée, qui supporte aussi courageusement ses maux qu'elle montre d'énergie dans l'action. L'église de Palestro fut ouverte pour recevoir les blessés français, sardes et autrichiens. Sur la paille jetée à la hâte, tout le monde fut couché, et dans la journée même tous reçurent les soins que réclamait leur état. L'Empereur vint visiter l'ambulance, donnant à tous des consolations. »

(1) M. F. Quesnoy, correspondant de l'*Illustration*, p. 406 de ce journal.

CHAPITRE VIII

Jusqu'au 31 mai, Alexandrie était resté le quartier général de notre armée. L'Empereur avait arrêté dans sa pensée le jour et l'heure de son départ; avant de quitter Alexandrie pour se placer au centre du mouvement offensif qu'il méditait, il voulut donner aux troupes le temps d'exécuter les ordres de concentration et les manœuvres destinées à dérouter et à surprendre l'ennemi. Il fallait aussi attendre que la garde impériale fût complétement réunie, et sa cavalerie n'arriva que dans les derniers jours de mai. Il fallait enfin compléter l'organisation de l'armée et surtout le service des ambulances, qui, dans la précipitation du départ, n'avait pu être convenablement réglé.

La réunion de l'armée française autour d'Alexandrie faisait supposer que cette place serait sa base d'opérations, et que de là il tenterait le passage du Pô soit à Plaisance, soit à Valenza. Ce qui faisait croire à l'une ou à l'autre de ces hypothèses, c'est que depuis le combat de Montebello l'Empereur avait fait fortement occuper

ce bourg, ainsi que Casteggio et même Bobbio, sur la
Trebbia, à la frontière du duché de Parme.

Cependant l'ennemi ne paraissait guère redouter une
attaque du côté de Plaisance; car l'armée française eût été
forcée de faire le siége de cette place et de s'ouvrir de
vive force le passage du Pô, qui en cet endroit n'a pas
moins de neuf cents mètres de largeur, et cette opération si difficile aurait dû être exécutée en présence d'une
armée de 200,000 hommes.

L'ennemi regardait donc comme beaucoup plus probable que les Français tenteraient de passer le fleuve du
côté de Valenza; aussi le général Giulay avait-il concentré toutes ses forces sur ce point, dans le triangle
dont le sommet est formé par la jonction du Tessin et du
Pô. Pour rendre cette concentration plus compacte, il
avait transporté son quartier général de Mortara à Garlasco, à peu de distance et sur la route de Pavie. Si l'armée française réussissait à franchir le Pô, elle ne pourrait attaquer les Autrichiens dans leurs positions que
par des colonnes séparées, manœuvrant dans un pays
coupé de canaux et de rizières, qui ne leur permet-
traient que difficilement de communiquer entre elles.

L'Empereur résolut de tourner ces obstacles, et il y
réussit par un admirable mouvement stratégique digne
de la grande école de Napoléon Ier, en faisant filer son
armée par le flanc gauche pour la porter par le pont
de Casale à Novarre, et de là au delà du Tessin. Mais
laissons parler sur ces grandes opérations le récit officiel
publié par le *Moniteur* :

« Le 31 mai, l'armée reçut l'ordre de marcher par la
gauche, et franchit le Pô à Casale, dont le pont était
resté en notre possession ; elle prit aussitôt la route de
Vercelli, où le passage de la Sesia fut opéré pour proté-

ger et couvrir notre marche rapide sur Novarre. Les
efforts de l'armée sur Robbio, et deux combats glorieux
pour les troupes sardes livrés de ce côté (les combats de
Palestro du 30 et du 31, dont nous avons parlé), eurent
encore pour effet de faire croire à l'ennemi que nous
marchions sur Mortara. Mais pendant ce temps l'armée
française s'était portée sur Novarre... » Le général Niel
reçut ordre d'occuper cette ville le 1er juin; il exécuta
cet ordre presque sans coup férir. Les Autrichiens, encore sous l'impression des défaites éprouvées la veille,
n'osèrent pas tenir tête à nos colonnes victorieuses. En
effet, le général Niel, s'étant avancé à sept heures du
matin à la tête d'une partie de son corps d'armée,
rencontra 2 à 300 hommes pour lui disputer le passage de la Gogna, petite rivière qui coule à un quart
de lieue de Novarre. Le 15e bataillon de chasseurs à pied
fut lancé contre l'ennemi, qui prit la fuite immédiatement, laissant en notre pouvoir deux pièces d'artillerie.
Pas un coup de fusil ne fut tiré de part ni d'autre. A la
porte de Milan, les Autrichiens avaient placé deux canons
qui saluèrent l'arrivée de nos troupes par une décharge
de mitraille qui nous tua deux hommes et en blessa
quelques autres.

« Ces deux canons furent pris aussitôt à la baïonnette
par les chasseurs du 15e. Au Campo-Santo, ils s'emparèrent encore de deux autres canons et firent 200
prisonniers. Après cette escarmouche, les troupes françaises entrèrent tambours battants dans Novarre comme
dans une ville ouverte, aux acclamations des habitants
qui criaient : « Vive la France! Vive l'Empereur! Vive
l'Italie! »

L'Empereur Napoléon, parti de Vercelli à trois heures,
arriva à cinq heures à Novarre, où il transporta son quar-

tier général. Il fut l'objet d'ovations enthousiastes ; le soir la ville fut illuminée, et les Autrichiens purent voir, de leurs postes avancés, les feux qui célébraient leur retraite.

L'armée française prit aussitôt position autour de Novarre, sur le même emplacement où dix ans auparavant le roi Charles-Albert avait combattu, et avait essuyé une défaite qui avait mis le Piémont à deux doigts de sa perte. Aujourd'hui l'armée française était en état de faire tête à l'ennemi s'il se fût présenté, et de venger l'échec subi par son allié ; mais l'ennemi n'eut garde de se montrer.

« Ainsi, continue le bulletin, cette marche hardie avait été protégée par 100,000 hommes campés sur notre flanc droit à Olengo, en avant de Novarre. Dans ces circonstances, c'était donc à la réserve que l'Empereur devait confier l'exécution du mouvement qui se faisait en arrière de la ligne de bataille.

« Le 2 juin, une division de la garde impériale fut dirigée vers Turbigo, sur le Tessin, et, n'y trouvant aucune résistance, elle y jeta trois ponts.

« L'Empereur, ayant recueilli des renseignements qui s'accordaient à lui faire connaître que l'ennemi se retirait sur la rive gauche du fleuve, fit passer le Tessin en cet endroit par le corps d'armée du général Mac-Mahon, suivi le lendemain par une division de l'armée sarde.

« Nos troupes avaient à peine pris position sur la rive lombarde, qu'elles y furent attaquées par un corps autrichien venu de Milan par le chemin de fer. Elles le repoussèrent victorieusement sous les yeux de l'Empereur... »

Il est nécessaire de donner ici quelques détails sur ce

combat de Turbigo, qui nous ouvrait glorieusement l'entrée de la Lombardie.

Le général Giulay, averti enfin par l'occupation de Novarre du mouvement de l'armée française, qui menaçait de tourner sa droite en franchissant le Tessin sur la route de Novarre à Milan, s'empressa, pour s'opposer à ce mouvement, de faire évacuer Robbio et Mortara par ses troupes, qui repassèrent le Tessin par Vigevano et Berengardo pour rentrer en Lombardie, en même temps qu'il demandait par le télégraphe qu'on lui envoyât du renfort par le chemin de fer. En se retirant, l'ennemi avait fait sauter le pont de San-Martino. Le général Espinasse se porta aussitôt avec une brigade sur cette tête de pont, que les Autrichiens abandonnèrent à son approche. Il y trouva trois obusiers, deux canons de campagne et plusieurs chariots de munitions. Cependant aucun ennemi, comme nous l'avons vu, ne s'était opposé à l'établissement du pont de Turbigo.

Quand le général Mac-Mahon arriva sur le nouveau pont, il trouva une brigade de la division des voltigeurs de la garde occupant le village de Turbigo et ses abords, de manière à nous assurer la libre possession du pont, et surtout la vallée en aval du village.

L'autre brigade de la division Camou (voltigeurs) était sur la rive droite.

La tête de colonne de la première division du 2e corps franchit le pont vers une heure et demie. Au moment où, s'étant porté en avant de Turbigo, le général Mac-Mahon reconnaissait le terrain et visitait les hauteurs de Robecchetto pour y établir des troupes, il s'aperçut tout à coup qu'à cinq cents mètres environ une colonne autrichienne, paraissant venir de Boffalora, marchait sur Robecchetto avec l'intention évidente d'occuper ce village.

Robecchetto se trouve sur la rive gauche du Tessin,
à l'est et à deux kilomètres de Turbigo. C'est un village
considérable, qui peut être aisément défendu, et qu'il
serait incontestablement très-utile d'occuper fortement
pour un corps ennemi qui viendrait de Milan ou de
Magenta avec l'intention de barrer le passage de Turbigo. Ce village est assis sur un vaste plateau horizontal
qui domine de quinze à vingt mètres la vallée du Tessin.
On y arrive, en sortant de Turbigo, par deux chemins
praticables à l'artillerie qui aboutissent à une de ses
rues, l'un par la partie sud du village, l'autre par la
partie ouest.

Le chemin qui vient de Magenta et de Boffalora y
pénètre par la partie est; c'est ce dernier que suivait la
colonne autrichienne.

Le général Mac-Mahon donna l'ordre au général de
Lamotte-Rouge de se porter avec trois bataillons de
tirailleurs algériens (turcos) sur Robecchetto, et de les
disposer en trois colonnes d'attaque, qui seraient, au
commandement général, convergées sur le village, et,
en y pénétrant par la rue principale, qui le traverse de
l'est à l'ouest, chercheraient à le tourner aussi par la
partie est, de manière à menacer la retraite de l'ennemi.

Les colonnes de tirailleurs algériens, enlevées avec la
plus grande vigueur à la voix du général de la Motte-
Rouge et à celle de leur colonel Laure, marchèrent résolûment sur Robecchetto sans faire usage de leur feu.
Accueillis à l'entrée du village par une très-vive fusillade, ils se précipitèrent tête baissée sur les Autrichiens
qui en défendaient les abords. Dans l'intérieur du village seulement ils firent usage de leur feu, et aussitôt
se précipitèrent à la baïonnette sur tous ceux qui essayaient de résister ou de barrer le passage. En dix

minutes l'ennemi était délogé et en retraite sur la route par laquelle il était venu. Les tirailleurs le poursuivirent jusqu'à deux kilomètres et lui tuèrent beaucoup de monde.

Le général d'artillerie Auger, de la division Camou, suivi d'une batterie de réserve générale de l'armée, appuyait cette attaque, et contribua grandement à son succès. Cet officier se distingua en outre personnellement par une action d'éclat qui lui valut une citation à l'ordre général de l'armée. Croyant apercevoir dans les blés une pièce autrichienne ayant quelque peine à suivre le mouvement de l'ennemi, il se précipita au galop sur cette pièce et s'en empara. Près de la pièce gisait à terre le commandant de la batterie, coupé en deux par un de nos boulets.

Les pertes du 2e corps d'armée s'élevèrent, dans cette affaire, à un capitaine tué, 4 officiers blessés, dont un colonel d'état-major, 7 soldats tués et 38 blessés.

Dans une autre circonstance, le combat de Robecchetto ou de Turbigo aurait eu un plus grand retentissement; mais la grande et importante bataille qui devait le suivre de si près l'a presque fait disparaître dans l'immensité de son éclat, ou plutôt il n'a paru que comme un des épisodes qui faisaient partie du glorieux et terrible drame de Magenta. Ici nous allons reprendre le récit du bulletin officiel.

« La journée du 4 avait été fixée par l'Empereur pour la prise de possession définitive de la rive gauche du Tessin. Le corps d'armée du général Mac-Mahon, renforcé de la division des voltigeurs de la garde impériale et suivi de toute l'armée du roi de Sardaigne, devait se porter de Turbigo sur Boffalora et Magenta, tandis que la division des grenadiers de la garde impé-

riale s'emparerait de la tête du pont de Boffalora sur la
rive gauche, et que le corps d'armée du maréchal Canrobert s'avancerait sur la rive droite pour passer le
Tessin au même point.

« L'exécution de ce plan d'opérations fut troublé par
quelques-uns de ces incidents avec lesquels il faut
compter à la guerre. L'armée du roi fut retardée dans
son passage de la rivière, et une seule de ses divisions
put suivre d'assez loin le corps du général de Mac-
Mahon.

« La marche de la division Espinasse souffrit aussi des
retards, et, d'un autre côté, lorsque le corps du maréchal Canrobert sortit de Novarre pour rejoindre l'Empereur, qui s'était porté de sa personne à la tête du pont
de Boffalora, ce corps trouva la route tellement encom-
brée, qu'il ne put arriver que fort tard au Tessin.

« Telle était la situation des choses, et l'Empereur
attendait, non sans anxiété, le signal de l'arrivée du
corps du général de Mac-Mahon à Boffalora, lorsque
vers les deux heures il entendit de ce côté une fusillade
et une canonnade très-vives : le général arrivait.

« C'était le moment de le soutenir en marchant vers
Magenta. L'Empereur lança aussitôt la brigade Wimpffen
contre les positions formidables occupées par les Autrichiens en avant du pont; la brigade Cler suivit le mouvement. Les hauteurs qui bordent le Naviglio (grand
canal) et le village de Boffalora furent promptement
emportés par l'élan de nos troupes; mais elles se trouvèrent alors en face de masses considérables qu'elles ne
purent enfoncer et qui arrêtèrent leurs progrès.

« Cependant le corps d'armée du maréchal Canrobert
ne se montrait point, et, d'un autre côté, la canonnade
et la fusillade qui avaient signalé l'arrivée du général

de Mac-Mahon avaient complétement cessé. La colonne
du général avait-elle été repoussée, et la division des
grenadiers de la garde allait-elle avoir à soutenir à elle
seule tout l'effort de l'ennemi ?

« C'est ici le moment d'expliquer la manœuvre que les
Autrichiens avaient faite. Lorsqu'ils eurent appris, dans
la nuit du 2 juin, que l'armée française avait surpris le
passage du Tessin à Turbigo, ils avaient fait repasser
rapidement ce fleuve, à Vigevano, par trois de leurs
corps d'armée, qui brûlèrent les ponts derrière eux. Le
4 au matin, ils étaient devant l'Empereur au nombre de
125,000 hommes, et c'est contre ces forces si disproportionnées que la division des grenadiers de la garde,
avec laquelle se trouvait l'Empereur, avait seule à lutter.

Dans cette circonstance critique, le général Regnault
de Saint-Jean-d'Angély fit preuve de la plus grande
énergie, ainsi que les généraux qui commandaient sous
ses ordres. Le général de division Mellinet eut deux chevaux tués sous lui, le général Cler tomba mortellement
frappé, le général Wimpffen fut blessé à la tête, les
commandants Desmé et Maudhuy, des grenadiers de la
garde, furent tués; les zouaves perdirent 200 hommes,
et les grenadiers subirent des pertes non moins considérables.

« Enfin, après une longue attente de quatre heures,
pendant laquelle la division Mellinet soutint sans reculer les attaques de l'ennemi, la brigade Picard, le maréchal Canrobert en tête, arriva sur le lieu du combat.
Peu après parut la division Vinoy, du corps du général
Niel, que l'Empereur avait fait appeler; puis enfin les
divisions Renault et Trochu, du corps du maréchal
Canrobert.

« En même temps, le canon du général de Mac-Mahon

se faisait de nouveau entendre dans le lointain. Le corps
du général, retardé dans sa marche, et moins nombreux qu'il n'aurait dû l'être, s'était avancé en deux
colonnes sur Magenta et Boffalora.

« L'ennemi ayant voulu se porter entre ces deux
colonnes pour les couper, le général de Mac-Mahon
avait rallié celle de droite sur celle de gauche, vers
Magenta, et c'est ce qui explique comment le feu avait
cessé, dès le début de l'action, du côté de Boffalora.

« En effet, les Autrichiens, se voyant pressés sur leur
front et sur leur gauche, avaient évacué le village de
Boffalora, et porté la plus grande partie de leurs forces
contre le général de Mac-Mahon, en avant de Magenta.
Le 45e de ligne s'élança avec intrépidité à l'attaque de
la ferme de Cascina-Nuova, qui précède le village, et
qui était défendue par deux régiments hongrois. 1,500
hommes de l'ennemi y déposèrent les armes, et le drapeau fut enlevé sur le cadavre du colonel. Cependant la
division de la Motte-Rouge se trouvait pressée par des
forces considérables, qui menaçaient de la séparer de la
division Espinasse. Le général de Mac-Mahon avait dis-
posé en seconde ligne les treize bataillons des voltigeurs
de la garde, sous le commandement du brave général
Camou, qui, se portant en première ligne, soutint au
centre les efforts de l'ennemi et permit aux divisions de
la Motte-Rouge et Espinasse de reprendre vigoureusement l'offensive.

« Dans ce moment d'attaque générale, le général
Auger, commandant l'artillerie du 2e corps, fit mettre
en batterie, sur la chaussée du chemin de fer, 40
bouches à feu, qui, prenant en flanc et d'écharpe les
Autrichiens défilant en grand désordre, en firent un
carnage affreux.

« A Magenta le combat fut terrible. L'ennemi défendit ce village avec acharnement. On sentait de part et d'autre que c'était là la clef de la position. Nos troupes s'en emparèrent maison par maison, en faisant subir aux Autrichiens des pertes énormes. Plus de 10,000 des leurs furent mis hors de combat, et le général de Mac-Mahon leur fit environ 5,000 prisonniers, parmi lesquels un régiment tout entier, le 2ᵉ chasseurs à pied, commandé par le colonel Hauser. Mais le corps du général eut lui-même beaucoup à souffrir : 1,500 hommes furent tués ou blessés. A l'attaque du village, le général Espinasse et son officier d'ordonnance, le lieutenant Froidefond, étaient tombés frappés à mort. Comme lui, à la tête de leurs troupes, étaient tombés les colonels Drouhot, du 65ᵉ de ligne, et de Chabrière, du 2ᵉ régiment étranger.

« D'un autre côté, les divisions Vinoy et Renault faisaient des prodiges de valeur sous les ordres du maréchal Canrobert et du général Niel. La division Vinoy, partie de Novarre dès le matin, arrivait à peine à Trecate, où elle devait bivouaquer, quand elle fut appelée par l'Empereur. Elle marcha au pas de course jusqu'à Ponte-di-Magenta, en chassant l'ennemi des positions qu'il occupait et en lui faisant plus de 1,000 prisonniers ; mais, engagée avec des forces supérieures, elle eut à subir beaucoup de pertes : 11 officiers furent tués et 50 blessés ; 650 sous-officiers et soldats furent mis hors de combat. Le 85ᵉ de ligne eut surtout à souffrir : le commandant Delort, de ce régiment, se fit bravement tuer à la tête de son bataillon, et les autres officiers furent blessés. Le général Martimprey fut atteint d'un coup de feu en conduisant sa brigade.

« Les troupes du maréchal Canrobert firent aussi des

pertes regrettables. Le colonel de Senneville, son chef d'état-major, fut tué à ses côtés ; le colonel Charlier, du 90e, fut mortellement atteint de cinq coups de feu, et plusieurs officiers de la division Renault furent mis hors de combat, pendant que le village de Ponte-di-Magenta était pris et repris sept fois de suite.

« Enfin, vers huit heures et demie du soir, l'armée française restait maîtresse du champ de bataille, et l'ennemi se retirait en laissant entre nos mains quatre canons, dont un pris par les grenadiers de la garde, deux drapeaux et 7,000 prisonniers. On peut évaluer à 20,000 environ le nombre des Autrichiens mis hors de combat.

« On a trouvé sur le champ de bataille 12,000 fusils et 30,000 sacs.

« Les corps autrichiens qui ont combattu contre nous sont ceux de Clam-Gallas, Zobel, Schwartzenberg et Lichtenstein. Le feld-maréchal Giulay commandait en chef.

« Ainsi, cinq jours après le départ d'Alexandrie, l'armée alliée avait livré trois combats, gagné une bataille, débarrassé le Piémont des Autrichiens et ouvert les portes de Milan. Depuis le combat de Montebello, l'armée autrichienne a perdu 25,000 hommes tués ou blessés, 10,000 prisonniers et 17 canons. »

Le bulletin qu'on vient de lire donne une idée bien complète de l'ensemble de cette grande bataille, où la brillante valeur de nos soldats triompha d'un ennemi supérieur en nombre, et où l'armée autrichienne fit preuve d'une bravoure et d'une solidité qui rehaussent notre gloire. De part et d'autre la lutte fut acharnée, sanglante ; les pertes essuyées par les deux armées en font foi. Ce qui doit surtout exciter une vive admira-

tion, c'est le courage héroïque de la garde impériale,
qui se montra digne de l'éclatant renom qu'elle s'était
acquis en Crimée, digne enfin de sa sœur aînée, la
vieille garde de Napoléon Ier. Pendant près de deux
heures, une seule division de 4,000 hommes soutint le
choc de plus de 40,000 Autrichiens.

C'était la première bataille que livrait et gagnait
Napoléon III, et cela dans les circonstances réputées
les plus difficiles à la guerre. Il s'agissait en effet du
passage d'une rivière opéré de force, dans un pays maré-
cageux et coupé de canaux, en présence d'une armée
de 150,000 hommes; et le plan de l'action avait été si
bien combiné, que le retard occasionné par « quelques-
uns de ces incidents avec lesquels il faut compter à la
guerre » dans l'arrivée des corps principaux destinés
à y prendre part, n'a rien changé à la grandeur de la
victoire. Si nos soldats à Magenta se sont montrés les
digne fils des héros de Marengo et d'Austerlitz, on peut
dire aussi que leur chef s'est montré le digne successeur
de son oncle.

L'Empereur éleva sur le champ de bataille à la dignité
de maréchaux de France les généraux Regnault de Saint-
Jean-d'Angély, commandant de la garde impériale, et
de Mac-Mahon, commandant du 2e corps d'armée. Ce
dernier, dont l'habile manœuvre et l'attaque hardie
avaient décidé du succès de la journée, fut en outre créé
duc de Magenta.

CHAPITRE IX

Grâce au télégraphe électrique, la nouvelle de notre
éclatante victoire de Magenta fut immédiatement trans-
mise à Paris et dans toute la France. Tandis que le canon
des Invalides l'annonçait à la capitale, elle se répandait
dans tous les départements avec la rapidité de l'éclair.
Partout, dans les villes, dans les villages, et jusque
dans les moindres hameaux, cette nouvelle fit éclater les
sentiments enthousiastes des populations pour notre
brave armée. Partout les édifices publics et les maisons
particulières furent illuminés et pavoisés. Partout des
Te Deum furent chantés en actions de grâce au Dieu des
armées.

Chacun était avide de connaître jusqu'aux moindres
détails de cette glorieuse journée, et le laconisme forcé
des dépêches télégraphiques étant loin de satisfaire la
curiosité publique, on attendait avec impatience les rapports officiels, et surtout les correspondances particul-
lières, qui pouvaient mieux nous renseigner sur une

foule d'actes isolés et d'épisodes intéressants, qui ne peuvent trouver place dans des rapports généraux où l'on ne s'occupe que de l'ensemble. Ce sont précisément ces détails, ces incidents isolés qui mettent en relief l'irrésistible valeur et l'héroïsme de nos officiers et de nos soldats, et c'est là ce qui leur donne tant d'attraits pour les lecteurs. Nous aurions pu grossir ce chapitre d'une foule d'anecdotes de ce genre, qui ont paru dans les journaux du temps, tout en ayant soin d'écarter celles qui n'auraient pas un caractère suffisant d'authenticité; mais comme la plupart sont sans doute déjà connues de nos lecteurs, nous avons préféré les remplacer par la lettre suivante d'un jeune sous-officier du 2ᵉ régiment de zouaves, qui fournit sur la bataille de Magenta les renseignements les plus circonstanciés, et qui peuvent servir à expliquer plusieurs passages du rapport officiel. On remarquera dans cette lettre des appréciations justes, des pensées nobles et élevées, le tout reproduit dans ce style vif, animé, empreint d'une certaine désinvolture toute militaire qui s'allie parfaitement avec la force et la chaleur de l'expression. Cette lettre se termine par quelques épisodes qui se rattachent à cette grande journée, et qui n'ont pas été publiés ailleurs.

« Le régiment reçut l'ordre de mettre sac au dos à dix heures du matin. Il occupait un plateau à un quart d'heure du Tessin, franchi depuis la veille. Personne ne se doutait de rien. J'écoutais avec plaisir les mille plaisanteries que racontaient nos soldats pour égayer la route, lorsque sur la droite retentit un coup de canon, suivi d'autres coups, et qui nous annonça qu'un combat s'engageait. Quoique formés en bataille, quoique certains d'une attaque sur la droite, les zouaves chemi-

naient toujours en disant : « Soyez sûrs que c'est une
« escarmouche; on ne se battra pas aujourd'hui, les
« 1er, 3e et 4e corps ne sont pas ici. » (Nous ferons remarquer à nos lecteurs que le 2e de zouaves appartenait
au 2e corps, commandé par le général de Mac-Mahon.
Nous arrivâmes ainsi jusque auprès d'un village où
des feux de peloton bien distincts, une vive canonnade
et la prise d'un officier ennemi surpris dans sa voiture
par les éclaireurs, dissipèrent tous les doutes. Alors
j'entendis nos vieux Africains *marronner* entre leurs
dents : « Ah! coquins, vous voulez du tabac? on va
« vous en donner, et du *chouette* encore! »

« Rien d'étrange, pour un novice tel que moi,
comme l'aspect d'un régiment se préparant au combat.
Le sang-froid de nos zouaves faisait mon admiration.
Chacun, au mot de bataille, fronça le sourcil; les mains
serraient avec une crispation visible la crosse des armes,
et les narines gonflées semblaient vouloir éventer l'ennemi. Le vrai soldat ressemble à un chasseur de bêtes
fauves; il apporte à faire *sa besogne* la même passion,
il a les mêmes émotions que le tueur de lions ou le chasseur de panthères. Aussi tous armaient leur carabine,
visitaient les amorces, disposaient leurs cartouches à
portée de leurs mains, s'assuraient du piquant des
sabres, et tout cela avec la conscience d'hommes qui
ont intention de tuer le plus d'ennemis possible. A voir
ce calme, un poltron eût été rassuré.

« Alors on marcha en avant, car la division avait
fait une halte pour prendre ses dispositions, et l'on
arriva, rangés en bataille, à une briqueterie, qui devint
le pivot de la deuxième division. Mais déjà le feu avait
commencé : en avant du front de bataille, la 1re compagnie du 1er bataillon avait rencontré les tirailleurs enne-

mis et les avait chargés. Toutefois il est bon, pour comprendre le rôle des zouaves, d'embrasser d'un regard tout l'ensemble de la bataille.

« En face de nous était Magenta, le point à enlever, distant d'une demi-heure ; à droite se trouvait la division de la garde, dont nous entendions le canon et qui tenait tête à l'ennemi. A la briqueterie étaient les zouaves ; à leur gauche, les 1ᵉʳ et 2ᵉ régiments étrangers ; le tout formant la 2ᵉ brigade, et, toujours en se prolongeant à gauche, la 1ʳᵉ brigade et notre 2ᵉ division. L'ennemi marchait sur nous, formant un immense demi-cercle. Le plan de Giulay était de nous isoler de la garde et de nous faire tous prisonniers. Notre première compagnie soutenait le feu, quand le capitaine Vincendon vint annoncer qu'il était aux prises avec l'ennemi, et qu'avec du renfort il pouvait faire beaucoup de prisonniers. Les généraux Espinasse et Castagnet prirent alors leurs dispositions. Le coup d'œil était saisissant. Les balles commençaient à passer comme une averse de grêlons, et, à cheval auprès des deux généraux, le colonel Tixier écoutait leurs instructions, exposé à tous les coups et comme s'il se fût agi d'une petite guerre. Un silence profond régnait sur le champ de bataille ; on savourait cette émotion âcre et poignante qui précède l'heure du combat, émotion si chère aux organisations fortes, qui charme comme la vue d'un drame grandiose et qui ne s'oublie jamais. Cette émotion explique, mieux que l'ambition, l'attrait qu'offre la guerre à certaines âmes. C'est à la fois un vertige qui conduit au devant du péril, la vengeance qui pousse vers l'ennemi, la colère qui fait bouillonner le sang, l'orgueil suprême de la créature qui, ne pouvant produire, détruit. Toutes les facultés sont exaltées jusqu'au délire, tous les pen-

chants de l'âme débordent en passions qui se satisfont
largement; on se sent trois fois plus fort. Les yeux
pleins de sombres éclairs, les tressaillements de la vio-
lence, les jurements étouffés, un fluide magnétique qui
planait au-dessus de nous et nous unissait dans le même
sentiment de sourde colère contre l'ennemi, tout cela
me fit comprendre enfin la sublime et sauvage magnificence de la guerre. Soudain parurent les uniformes
blancs; alors le colonel cria : « Le premier bataillon,
« à la baïonnette! » Et comme un seul homme, le bataillon se leva d'un bond; une clameur sinistre comme
un rugissement sortit de mille poitrines ; c'était le cri
de guerre des zouaves, clameur stridente qui entraîne,
électrise ceux qui la poussent, et glace l'ennemi d'effroi ;
puis le bataillon s'élança sans s'arrêter, sans prendre
garde aux balles, aux blessés ; les zouaves frappaient,
frappaient encore, et les baïonnettes sortaient rouges de
sang des poitrines ennemies.

« Le pays était boisé, et les ennemis ne pouvaient
voir à quel nombre d'hommes ils avaient affaire. Vous
peindre la stupéfaction avec laquelle les Autrichiens
virent cette bande de soldats en costume étrange, aux
cris rauques, à l'élan si terrible, se précipiter sur eux,
est chose impossible. Pendant dix minutes l'étonnement
les cloua sur place; puis ils firent demi-tour, se pressant
les uns contre les autres et n'opposant que des masses
de chair à la pointe des baïonnettes. Mais on arriva non
loin du village, dans un pays découvert, et les officiers
autrichiens ne virent alors qu'une poignée d'hommes ;
la poitrine nue, la lèvre écumante ; ils résolurent de rallier leurs soldats, et de soutenir le choc de ceux qu'ils
croyaient si nombreux et appuyés par de formidables
réserves.

« La légion étrangère, qui, elle aussi, s'était élancée, se trouvait réunie aux zouaves. Aux cris des officiers, les masses ennemies se formèrent en carré, des renforts tout frais arrivèrent, et doublèrent les forces de nos adversaires; un instant la légion étrangère et les zouaves furent débordés par des flots d'Autrichiens. On ne peut se faire une idée de la fatigue et de la soif qu'éprouvaient alors les combattants; les jambes fléchissaient sous le poids du corps, la chaleur étranglait la voix dans la gorge; tous étaient épuisés, haletants. En se voyant cernés, une rage nouvelle et indicible vint raviver leur courage.

« Zouaves et légionnaires ont toujours combattu côte à côte, et une immense clameur avait retenti : « Sauvez le drapeau de la légion! » Un drapeau compromis, c'était assez pour rendre tout le monde ivre de colère. Une charge irrésistible refoula l'ennemi sur la gauche; puis le torrent changea de direction et vint déborder sur la droite, renversant sur son passage un carré ennemi. Alors la confusion se mit de plus belle dans leurs rangs, et Croates, Tyroliens, Hongrois, tous s'enfuirent dans Magenta. Il fallut attendre du renfort pour emporter cette position, défendue par de l'artillerie et des troupes qui n'avaient pas encore combattu. Mais embusqués en tirailleurs, les nôtres firent pleuvoir une grêle de balles sur l'ennemi, qui fut ainsi contenu jusqu'à l'arrivée du corps d'armée. Pendant ce temps, les 2ᵉ et 3ᵉ bataillons, l'oreille tendue dans la direction de Magenta, attendaient le résultat de la charge poussée par leurs frères d'armes. L'artillerie tirait à leur droite sur Magenta. Mais grande fut la surprise de nos canoniers quand ils se virent entourés de Croates.

« C'était une division de 10,000 hommes qui avait

pu s'avancer ainsi au milieu des arbres, et surprendre,
pour ainsi dire, notre artillerie. Si, en face de cette
force si supérieure en nombre, les 1,200 zouaves qui
se trouvaient là eussent hésité, la bataille était perdue.
Dans ce mouvement de flanc, le reste du corps d'armée
qui était en avant se trouvait cerné. Mais au commandement donné par Espinasse, le général Castagnet
dirigea une charge, la plus brillante peut-être et la plus
décisive dont l'histoire puisse jamais faire mention. Les
Autrichiens, cloués sur les pièces par nos hommes,
furieux de leur audace, perdirent contenance. Ils lut-
tèrent quelque temps; mais bientôt ils s'enfuirent en
désordre, laissant entre nos mains un drapeau entier,
la hampe d'un autre drapeau et 400 prisonniers.

« Ce fut alors que le général Espinasse reçut du général
de Mac-Mahon l'ordre d'enlever Magenta. Il se mit à la
tête de sa division, arriva intrépidement devant Magenta,
et s'élança avec sa colonne, à laquelle s'étaient ralliés
le 1er bataillon de zouaves et la légion étrangère. Mais
en ce moment le vaillant chef reçut une balle qui le
renversa de cheval. Son neveu, qui faisait partie de son
état-major, se précipita vers lui, et le feu était si nourri
sur ce point, qu'il tomba mort à son tour. Les zouaves,
malgré la grêle qui hachait la terre sur ce point, s'élancèrent où le général venait d'être frappé, et pour que
son cadavre ne fût pas mutilé, ils lui firent, eux vivants,
un rempart de leurs corps. Si le corps du général fût
resté une minute de plus seulement par terre, il eût
été percé de mille coups.

« La mort de leur chef mit au cœur des soldats une rage
froide, une soif de vengeance; les cris cessèrent, mais
les rangs se serrèrent; et sous une pluie de projectiles
les Français pénétrèrent dans les rues, résolus à faire

payer cher à l'ennemi la perte que l'armée venait d'é-
prouver. En un clin d'œil les maisons étaient fouillées,
vidées : et bien heureux les Autrichiens qui s'étaient
rendus prisonniers en masse, car cette lutte prolongée
commençait à exalter le soldat outre mesure. Du reste,
ils ne pouvaient s'échapper.

« Tout d'abord ils essayèrent de *faire des façons,*
comme disaient les zouaves. Ils étaient 4 à 500 dans
une église ; fantassins, zouaves, légionnaires arrivèrent ; et comme ils formaient déjà la courte échelle
pour atteindre les fenêtres, le colonel Texier arriva.
« Rendez-vous ! » cria-t-il à un colonel autrichien.
« Nous voulons défendre ce poste, ou mourir ! » répondit fièrement l'officier. « Une minute encore, ajouta
« notre chef, et je vous fais jeter par les croisées ! »
— « Oui ! » hurlèrent en chœur nos soldats, en brandis-
sant leurs fusils. A cette vue, les Autrichiens se rendirent, et force fut au colonel de remettre son épée en
pleurant de rage.

« Si le général Espinasse est mort glorieusement,
Mac-Mahon n'a échappé que par un miracle. Il accourt
au moment où on allait enlever Magenta. Les Autrichiens
voient une escorte et des uniformes brillants ; ils di-
rigent là tous leurs coups : mitraille, obus, balles, tout
cela a grondé sur la tête d'un homme cher aux soldats et
précieux pour la France. Pendant tout ce temps, Dieu
sait si notre cœur se serrait quand une boîte à balles ou
un boulet sifflait de ce côté. Enfin il a été préservé,
grâce à une protection du Ciel ; car, si la main de Dieu
ne s'était pas étendue sur lui, vingt fois déjà il serait
mort. Le soldat l'aime au point de se faire hacher pour
lui. Vingt jours après, l'Empereur devait nous donner,
à Solferino, de pareilles craintes pour sa vie.

« Telles furent, pour le 2ᵉ de zouaves en particulier, les phases de la bataille qui nous livra la Lombardie.

« Il faut ici comprendre par quels moyens l'armée française a pu vaincre. C'est, d'une part, l'héroïque résistance des grenadiers; de l'autre, l'élan irrésistible des troupes d'Afrique. Pendant que cette belle division de la garde renouvelait, avec plus de succès, la résistance désespérée de Waterloo, et s'élevait à la hauteur des vieux grognards du premier empire, les Africains prouvaient une fois de plus, sur un champ de bataille européen, la supériorité de la tactique que la guerre arabe les a forcés d'adopter.

« Fidèles aux vieilles coutumes, nos adversaires n'ont de tirailleurs que juste ce qu'il faut pour éclairer leur marche : quand le feu s'engage, ils se forment en bataille en rangs serrés, et marchent l'arme au bras et au pas. Nous, au contraire, nous développons une nombreuse ligne de tirailleurs qui fait ravage dans cette masse, et se trouve presque à couvert de son feu; puis, quand le moment est propice, nos colonnes s'élancent sans conserver l'ordre de bataille, chacun suivant son inspiration. Grâce à l'intelligence, au courage, à l'agilité naturelle à nos hommes, il n'y a jamais d'hésitation, de méprise. Cette foule laissée à elle-même, dont chaque individu suit son initiative, agit néanmoins avec un ensemble admirable. Au moindre indice de danger, elle sait se rallier, se porter à droite ou à gauche, et lorsqu'une charge de cavalerie soulève au loin la poussière, tous en un clin d'œil sont à leur rang, à leur place et forment le carré. D'une part, les Autrichiens massés ne peuvent avoir l'élan nécessaire pour une charge, et se font décimer; d'une autre part, les nôtres ont la rapidité qui double la force et la facilité de cribler l'ennemi de balles. Avant de terminer ce récit général, je voudrais pouvoir raconter les faits d'armes du 65ᵉ, dont le drapeau fut médaillé, et de tous les régiments qui se sont trouvés engagés; mais tenant à rester dans l'exacte vérité, je ne raconte que ce que j'ai vu.

« Voici maintenant quelques faits particuliers.

« Les turcos sont chargés par des hulans. Une inspiration subite les saisit. Ils ouvrent les rangs, les laissent entrer dans le carré, le referment et les font prisonniers. Les Autrichiens en sont ébahis; il y a de quoi! Les turcos se font une drôle d'idée des Piémontais. Ils ont vu leurs montagnes, et ils croient qu'ils vivent en tribus comme eux. Il est de fait que les pauvres villages de ces montagnes ressemblent à ceux des Kabyles, et plus d'un site nous a rappelé le Djurjura. Donc, mes turcos les appellent Beni-Montais, et sont convaincus qu'ils sont les Kabyles de la France.

« M. Vincendon, capitaine au 2ᵉ zouaves, a fait l'admiration du régiment; il est resté au milieu des Autrichiens jusqu'à ce qu'un cheval tué sous lui et deux blessures l'aient forcé à se retirer. Quand ce vaillant officier eut été blessé au bras droit, il passa son sabre dans sa main gauche et continua à sabrer.

« Au début de l'affaire, le colonel Tixier, des zouaves, était à cheval et le point de mire de toutes les balles. Pas une ne le toucha. Je l'ai vu sourire ironiquement, et d'autres l'ont entendu dire : « Ce n'était pas la peine « de vanter ces Tyroliens; ou ce sont des maladroits, « ou la peur les fait bien trembler! »

« Un vieux zouave reçoit une balle dans la poitrine, il sent qu'il va mourir; il supplie les soldats du train,

qui voulaient l'enlever, de l'appuyer contre un arbre
face à l'ennemi. « J'étais assez vieux pour faire un
« mort, et je vais mourir, je le sens bien ; mais je veux
« voir enlever le village, et puis je serai content. »
Deux heures après, il mourait les yeux fixés sur le
drapeau français, qui flottait dans les airs au-dessus de
Magenta. »

La bataille de Magenta, d'après ce qu'on a pu voir
par ce qui précède, a été surtout une bataille d'infanterie. Ni l'artillerie ni la cavalerie de la garde ne furent
engagées, et le général Auger seul fit usage de quarante
pièces d'artillerie du corps du général Mac-Mahon.

A huit heures et demie du soir nous étions maîtres de
Magenta, de Boffalora et de Ponte-di-Magenta, c'est-à-
dire de toute l'étendue du champ de bataille. L'ennemi
se retirait, plusieurs corps dans une déroute complète,
d'autres encore en ordre et prêts à combattre ; les premiers sur Milan, les seconds dans la direction d'Abbiate-
Grasso, s'arrêtant à Robecco, où la plus forte partie de
l'armée prit position, à deux à trois kilomètres seulement de Porte-di-Magenta et de nos avant-postes.

Dans cette glorieuse journée nous avions conquis deux
drapeaux, quatre canons et 7,000 prisonniers. Ces résultats sont beaux sans doute ; mais ils l'auraient été
bien davantage sans les incidents qui ont entravé l'exécution du plan d'attaque. L'armée sarde tout entière
ne prit, en effet, aucune part à la bataille. De treize
divisions d'infanterie, celles de la garde comprises, qui
composaient l'armée française et étaient toutes à proximité du champ de bataille, sept seulement, par suite
de l'encombrement des routes, purent êtres engagées,
savoir, les deux du 2ᵉ corps, celle des voltigeurs de la
garde, deux des trois composant le 3ᵉ corps, une du 4ᵉ,

et enfin celle des grenadiers et zouaves de la garde. En évaluant en moyenne chaque division de 7 à 8,000 hommes, ce serait environ 50,000 hommes qui auraient donné. Les quatre corps autrichiens qui ont combattu ne sauraient être évalués à moins de 115 à 120,000 hommes.

L'armée française donna la journée du 5 au repos et à la réorganisation si nécessaire à plusieurs divisions ; elle attendait d'ailleurs ce que ferait l'ennemi, qu'on supposait vouloir tenter une seconde bataille, et qui, par sa position sur notre droite, ne nous permettait pas de marcher sur Milan avant de l'avoir forcé à se retirer.

Le général Giulay avait, en effet, l'intention, du moins il le dit dans son rapport, de recommencer le combat avec l'aide des 5e et 8e corps de son armée, qui n'avaient pas combattu ; « mais, ayant appris, ajoute-t-il, que les 1er et 2e corps, qui avaient le plus souffert, s'étaient mis en pleine retraite (lisez déroute), il dut songer lui-même à prendre une position plus éloignée. » Aussi, après un combat sans importance qui eut lieu entre Ponte-di-Magenta et Robecco, entre la division Trochu et plusieurs régiments autrichiens, l'armée ennemie se replia sur Belgiojoso, gros village sur la route de Pavie à Pizzighettone, où elle arriva le 6. Là elle rallia la garnison de Pavie, abandonna cette place, puis elle continua sa retraite sur l'Adda.

Pour faire pendant à la correspondance que nous avons rapportée plus haut, nous croyons devoir mettre sous les yeux de nos lecteurs quelques pages extraites du journal d'un touriste allemand, M. Wachenhusen (1), qui se trouvait au quartier général autrichien quelques jours avant et pendant la bataille de Magenta. Il n'a pas

---

(1) *Tagebuch vom Kriegsschauplatz*, Berlin, 1859. Traduit dans la *Revue germanique.*

réussi à être témoin oculaire d'aucun engagement; ce qu'il a vu, ce qu'il rend, c'est la vie, ce sont les impressions du quartier général pendant ces journées si critiques pour l'armée autrichienne. Nous prenons son récit au lendemain des combats de Palestro, au moment où le quartier général allait quitter Garlasco pour se retirer en arrière au delà du Tessin.

« La fête de l'Ascension (2 juin) se passa fort mélancoliquement pour nous. Toutes les nouvelles étaient inquiétantes. L'ennemi poussait, disait-on, avec la plus extrême énergie sur l'aile droite des Autrichiens. On annonçait, il est vrai, que de fortes divisions s'avançaient de la Lombardie sur Magenta pour renforcer cette aile. Puis on disait de nouveau les Autrichiens aux prises avec des forces triples. Les pauvres troupes semblaient en quelque sorte condamnées à être toujours en minorité, et la raison de ce malheur était un mystère.

« Malgré toute la confiance que nous inspiraient les soldats et surtout les braves chasseurs, l'issue, dans notre opinion, ne pouvait être que malheureuse, et elle le fut.

« Vers cinq heures du soir, je fus attiré dans la rue par trois *eljens* (*hurrahs*) des troupes bivouaquant sur la place. L'état-major revenait de Mortara, et c'était au général en chef que s'adressaient les vivat des Hongrois. Dans mon cœur il n'y eut pas d'écho pour ces cris.

« Pendant que l'état-major défilait devant moi avec ses panaches verts, je cherchais à lire dans la mine des officiers.

« Le comte Giulay ne paraissait pas d'humeur contente, et n'avait aussi nulle raison pour cela. Quant aux figures calmes et même parfois gaies de son escorte, je crus m'apercevoir qu'elles n'étaient pas l'expression d'un sentiment intérieur.

« J'arrêtai un des officiers au moment où il descendait de cheval pour lui demander des nouvelles précises. Il sourit, mais n'en secoua pas moins la tête d'un air contrarié.

« Cela me suffit. On annonçait maintenant ce que j'avais prédit : que le quartier général serait transporté derrière le Tessin. Une heure après vint l'ordre de partir le lendemain matin à trois heures. Ainsi donc en arrière !

« Le soir, Garlasco fut triste et monotone... Les officiers s'étaient hâtés vers leurs demeures pour prendre quelque repos.....

« Le lendemain matin (3 juin), au moment où de faibles bandes de lumière commençaient à dessiner les nuages, les voitures du quartier général se mirent en mouvement, et, quand le soleil eut chassé la nuit, je me vis au beau milieu d'une file immense d'équipages de toute espèce, qui s'avançait comme un grand serpent à travers les rizières.

« A cinq heures du matin nous atteignîmes les bords du Tessin.

« Divisé en deux bras, le fleuve roulait comme un torrent entre ses rives bordées de bois ou de broussailles. Nous arrivions au premier pont de bateaux, quand déjà la tête de la file franchissait le second, jeté sur l'autre bras.

« Nous rencontrâmes de longs transports de blessés. A moitié morts de chaleur, ils s'arrêtaient sous l'ombre épaisse des chênes et des acacias qui bordaient la route, et, d'un morne et avide regard, ils cherchaient une eau désaltérante au bord du chemin.

« Au-dessus d'eux, les rossignols chantaient dans la

cime des arbres et dans les bouquets d'acacias; autour d'eux toute la nature regorgeait de vie et de richesse; partout une pure lumière et une luxuriante abondance. Eux seuls, les infortunés, étaient une dissonance dans cette harmonie, et paraissaient là comme les avant-coureurs de la destruction dont la guerre menaçait ces campagnes bénies...

« Je restai longtemps sous l'impression de ce douloureux contraste, et cependant la bonne humeur n'avait pas tout à fait abandonné les blessés. Au moment où nous passions devant eux, un chasseur tyrolien blessé cria au soldat qui conduisait notre voiture : « Eh! camarade! voilà, si je ne me trompe, notre partie de campagne en Piémont terminée. »

« Il y avait une amère ironie dans cette saillie, car nous nous trouvions effectivement en retraite. Le pauvre chasseur était sans doute vexé d'avoir été abîmé pour rien, et il avait soulagé son cœur par cette raillerie.

« On disait aujourd'hui que l'ennemi avait passé le Tessin presque en même temps que nous, au-dessus de Magenta, et se trouvait sur le territoire lombard.

« Vraiment, il nous fallait toute notre philosophie pour conserver quelque bonne humeur. De tous côtés rien que des nouvelles malheureuses, pas une consolante.

« A Beregardo, village à une lieue du Tessin, nous retrouvâmes un nouveau transport de blessés qui attendait des soins, et l'état-major arrivé avant nous, et établi à l'hôtel de la Poste.

« A la fenêtre ouverte du premier étage j'aperçus le comte Giulay, et à côté de lui une figure de soldat très-caractéristique, noble, sévère, imposante. C'était le feld-zeugmeister baron Hess, arrivé de Milan, général vénéré de l'armée, et dont la vue inespérée produisit un effet électrique sur les troupes réunies en bas.

« Il y eut un conseil de guerre. Le bruit se répandit que la campagne allait prendre un tout autre caractère, qu'on allait occuper des positions toutes nouvelles; mais on disait aussi que la retraite n'était pas approuvée par Hess, et qu'il n'y eût pas consenti s'il nous eût encore trouvés à Garlasco.

« C'était un vendredi que les troupes autrichiennes avaient franchi le Tessin pour entrer dans la Lomelline, et ce fut encore un vendredi qu'elles le repassèrent cinq semaines après (1).

« Par Casorate nous atteignîmes le village de Rosate, où Barberousse fut autrefois battu par les Milanais.

. . . .

« En retournant à notre logement, nous vîmes dans la maison où s'était établie la chancellerie un groupe d'officiers de l'état-major. D'autres groupes et des officiers de l'intendance étaient épars dans la rue et chuchotaient ensemble.

« Tout à coup les officiers se dispersèrent dans toutes les directions. Personne ne voulut s'arrêter pour ré-

_____

(1) Il faut avouer que les Autrichiens, s'ils croient à l'influence fatale du vendredi, ont eu dans cette campagne plus d'une occasion de se confirmer dans cette superstition. En effet, c'est le vendredi 29 avril qu'ils franchirent le Tessin pour envahir le Piémont; c'est le vendredi 20 mai qu'ils perdirent à Montebello la première bataille de la campagne; c'est le vendredi 3 juin qu'ils repassèrent le Tessin pour aller se faire battre le lendemain à Magenta; c'est le vendredi 24 juin qu'ils perdirent la grande et sanglante bataille de Solferino; enfin c'est le vendredi 8 juillet que l'empereur d'Autriche signait à Villafranca les préliminaires de la paix qui lui enlève la couronne de fer et le royaume de Lombardie. Il est vrai qu'on peut répondre aux superstitieux que si le vendredi a été fatal aux Autrichiens, il a été par contre favorable aux Français. Comment expliquer cette contradiction manifeste? Je ne m'en charge pas; mais la superstition n'y regarde pas de si près.

pondre à une question. Nous entendîmes dire néanmoins que le comte Giulay s'était démis du commandement, et que le baron Hess allait le remplacer.

« La nouvelle était trop importante pour que je voulusse rester un seul instant dans le doute. Je courus voir un officier qui était toujours bien renseigné, et j'appris que la nouvelle était fausse de tout point.

« Depuis mon entrée en Lombardie, et notamment depuis qu'à partir de Milan j'avais pu me rendre un peu compte de la position, j'avais acquis la conviction que le général en chef manquait de coup d'œil pour le terrain considérable, pour la ligne étendue qu'il avait entrepris de défendre, ou qu'il se berçait d'une confiance qui devait devenir fatale, surtout vis-à-vis d'un adversaire dont les qualités guerrières auraient requis chez les Autrichiens un excellent général. . . . . .

. . . .

« Mes craintes au sujet de l'aile droite ne se confirmèrent que trop tôt. Un des officiers d'état-major, pour me rassurer, m'avait bien dit qu'il y avait là trois corps tout entiers, et que l'ennemi, s'il voulait pénétrer au-dessus de Magenta, aurait à s'en repentir; mais, dès notre arrivée à Rosate, il avait transpiré qu'il n'en était pas tout à fait ainsi, que nous étions au contraire tournés par une habile manœuvre des Français, que le feld-maréchal-lieutenant Clam-Gallas, qui avait occupé la position de Magenta avec environ 7,000 hommes du 1er et du 2e corps, avait abandonné la tête de pont comme ne pouvant être défendue, et s'était retiré; que le 5e corps n'était arrivé que le 3 au soir à Abbiate-Grasso, après une marche très-fatigante; que le 6e n'y était pas encore arrivé. . . . .

« Entendez-vous le canon, monsieur le lieutenant-colonel ? » criai-je à un officier qui, tandis que ses troupes dormaient sur le gazon à côté de l'église, avait cherché un abri contre le soleil derrière un mur de jardin.

« Il l'avait entendu comme moi, et pensait que le bruit venait d'Abbiate-Grasso ou de Magenta. Plus de doute, on se battait peut-être à une lieue de nous pendant que nous faisions la sieste à Rosate.

« Il sonna deux heures de l'après-midi. Tout le monde était dans la plus pénible attente. Pas de nouvelles ! — Tout d'un coup nous entendîmes une musique militaire : le corps du général Benedeck traversait Rosate avec ses équipages...

« Ce corps, le plus considérable de ceux qui étaient entrés en Piémont, avait séjourné à Lomello, à peu près au centre de la ligne du Pô à la Sesia, sans avoir tiré un coup de fusil. Conduit par un général qui dans la précédente guerre italienne avait gagné la croix de Marie-Thérèse et dont on attendait tout, il n'avait pas eu occasion de voir l'ennemi... Il pouvait débuter aujourd'hui dans cette campagne, s'il n'arrivait pas trop tard. Ses soldats étaient couverts de poussière et de sueur ; ils avaient fait en un jour et demi le chemin de Lomello à Rosate, et, ployant sous le poids de leurs bagages, ils devaient encore aujourd'hui marcher au feu.

« Le canon se tut pendant un quart d'heure. Nous attendions des nouvelles : pas de courrier ! La canonnade reprit vers quatre heures. L'impatience me gagna, et de mes deux jambes je me dirigeai vers Cogiano, pour aller de là sur Corbetto, où l'on disait que l'armée autrichienne avait ses positions. Mais à peine eus-je marché un quart d'heure, que je vis le chemin barré par deux

convois venant d'un sens opposé, et tellement embour-
bés, que plusieurs chariots gisaient dans les fossés.

« Il fallait donc revenir à Rosate.

« Autour de la table de la *Croce-Bianca* (l'auberge
de la Croix - Blanche) se pressaient des officiers qui
n'avaient aucune nouvelle authentique du champ de bataille. Quelques-uns étaient montés vers sept heures sur
la tour, mais n'avaient vu que de la fumée entrecoupée
de flammes, d'où ils avaient conclu que Boffalora était
en feu. C'était tout ce qu'on savait à deux pas, pour
ainsi dire, du champ de bataille. Ni l'intendance générale ni personne n'avait reçu de nouvelles.

« On se sépara dans une excitation fiévreuse. Tout le
monde savait que Magenta était la clef de la Lombardie;
que, si on y était battu, on aurait à reculer par delà
l'Adda jusqu'au Mincio, et que la révolution se décla-
rerait sur nos derrières à Milan. Tout le monde savait
aussi ou sentait du moins que les troupes autrichiennes
avaient été surprises, et il était facile de calculer que
Benedeck n'arriverait pas à temps sur le champ de
bataille. . . . .

« J'avais dormi environ une heure quand j'entendis
des pas à côté de mon lit. On m'appela par mon nom.

« Une de mes connaissances, qui habitait la chambre
à côté de moi, et dont j'avais remarqué le lit vide en me
couchant, se tenait devant moi, la tête enfoncée dans
son manteau.

« Dormez-vous? me dit-il d'une voix émue.

« — Non. Qu'y a-t-il?

« — Nous avons perdu la bataille! »

« Je fus sur mon séant comme par un ressort. Il faisait petit jour, et une lumière grisâtre
visage du messager; je vis qu'il avait dit

« Vers huit heures du soir, il avait eu la fortune de mettre avec un ami la main sur une *timonella* (espèce de cabriolet), et, trouvant le chemin libre, s'était dirigé sur Cogiano. Là il avait appris l'issue de la bataille d'un capitaine du 14ᵉ bataillon de chasseurs tyroliens, qui, du haut de la tour de Cogiano, avait suivi la mêlée tant qu'il y eut un soldat autrichien à Magenta.

« Je m'étais habillé pendant son récit. Tout le monde dormait encore, et personne n'avait le moindre soupçon. Je me promenai à peu près une demi-heure dans Rosate. Enfin les rues se peuplèrent; on entendit des signaux, les habitants se montrèrent en habits de fête dans les rues : c'était dimanche.

« Ordre de marche! crie-t-on soudain : dans une demi-heure nous partons!

« Où? c'est ce que personne ne savait; seulement on savait bien que ce n'était pas pour aller en avant.

« Pendant ce temps, les bruits sur la bataille de la veille avaient commencé de circuler. Quelques-uns prétendaient que nous n'avions pas été battus, qu'il n'y avait eu de victoire d'aucun côté, que notre position était bonne, que nous avions fait des pertes énormes, mais les Français de même. Mais un des officiers présents à l'affaire m'assura au contraire que nous avions subi une défaite complète, parce qu'on avait encore combattu sans réserves, et que les corps arrivaient toujours trop tard ou avaient été postés trop loin pour arriver au moment voulu...

« Le quartier général se mit en mouvement, et après une marche assez pénible on arriva à Binasco. Toutes les colonnes de Magenta y arrivèrent, et formèrent un chaos si effrayant qu'il ne fallut pas songer à pénétrer dans la ville en voiture. Nous descendîmes donc, et nous nous

rendimes à pied à l'*albergo dei Tre-Rè*, qui au bout
d'une heure se trouva être le rendez-vous de tous les
officiers...

« Presque aucun officier n'était revenu de la mêlée
sans quelque blessure. Le général Hess s'était trouvé au
combat, et souvent au milieu des balles; mais on pré-
tend qu'il a répondu à un officier qui lui demandait des
ordres qu'il n'était là que comme volontaire.

« Les rues de Binasco étaient remplies d'équipages de
train et de voitures traînées par des bœufs, qui conver-
geaient ici de toutes les directions. Des soldats de toutes
armes allaient et venaient à travers ce chaos; et quand
il arriva quelques forts transports de blessés, tout mouvement devint impossible pendant quelque temps.

« Ce n'étaient pas des blessés de Magenta, Dieu sait
où ceux-ci se trouvaient encore en ce moment : c'étaient
des blessés de plus ancienne date. La plupart venaient
encore du Piémont... »

Ici s'arrête le récit de notre touriste allemand, et je le
regrette, car ses observations sont exactes, ses appréciations justes, et faites avec ce calme que ne trouble ni
la passion ni la partialité, ce qui permet de voir les
choses avec netteté. Ces qualités sont d'autant plus remarquables qu'elles se sont montrées rarement, pendant cette campagne, chez nos voisins d'outre-Rhin.

CHAPITRE X

L'armée autrichienne, en pleine retraite sur l'Adda, abandonne Pavie et Plaisance. — Anxiété des Milanais pendant la bataille. — Évacuation de cette ville par les Autrichiens. — L'autorité municipale demande la réunion du Milanais au Piémont. — Une députation porte cet acte au roi Victor-Emmanuel. — Proclamation de la municipalité de Milan aux habitants de cette ville. — Arrivée à Milan des premières troupes françaises et du maréchal Mac - Mahon. — Accueil qu'ils reçoivent des Milanais. — Enthousiasme de la population. — Soins donnés aux blessés par les habitants. — Entrée à Milan de l'Empereur et du roi de Sardaigne. — Attention délicate de Napoléon III. — Exaltation des Milanais. — Proclamation de l'Empereur aux Italiens et ordre du jour à l'armée française. — Combat de Melegnano (Marignan). — Rapport officiel du maréchal Baraguay-d'Hilliers sur ce combat. — *Te Deum* chanté dans la cathédrale de Milan. — Enthousiasme toujours croissant de la population milanaise. — Empressement des Milanais à secourir les blessés de Marignan. — Démonstration auprès du roi Victor-Emmanuel pour demander l'annexion de la Lombardie au Piémont. — Le roi accepte, nomme un gouverneur général de la Lombardie, et fait plusieurs actes de souveraineté.

Si la victoire de Magenta avait été grande pour la gloire de nos armes, elle fut plus grande encore par ses résultats. L'armée autrichienne en pleine déroute sur l'Adda, l'abandon des deux places importantes de Pavie et de Plaisance, la délivrance de Milan et bientôt l'affranchissement de toute la Lombardie, telles furent les suites immédiates de la journée du 4 juin.

Pendant toute cette journée du 4, les Milanais avaient entendu gronder le canon. Ils savaient qu'une grande bataille se livrait à peu de distance de leurs murs, et que c'étaient leurs propres destinées, leur délivrance qui s'agitaient en ce moment. Aussi avec quelle anxiété suivaient-ils toutes les péripéties d'une lutte qui avait pour eux un intérêt de vie ou de mort!

Vers sept heures et demie du soir, le faubourg de Saint-Pierre-in-Sala livra passage à la tête des colonnes autrichiennes se retirant dans le plus affreux désordre. Tous, confondus pêle-mêle, cavaliers, fantassins, artilleurs, exténués, souillés de poussière et de sang, beaucoup ayant jeté leurs armes, marchaient sans direction, sans commandement, avec le seul instinct de fuir l'ennemi. Les voitures de l'ambulance, chargées d'officiers de tous grades, sanglants, mutilés, formaient une suite interminable; des chevaux d'artillerie avec leurs traits coupés, des canons sans leurs caissons, des équipages de toute sorte se pressaient et se heurtaient pour passer les premiers. Quelques bataillons et escadrons encore entiers essayaient vainement de contenir cette débandade. Il n'y eut halte que sur le Champ-de-Mars, devant la citadelle, où un peu d'ordre se rétablit enfin.

En un instant Milan fut tout entier sur pied pour contempler ce spectacle. La population, il faut lui rendre cette justice, assista, avec de vifs transports de joie, mais dans une attitude digne, au départ de ses oppresseurs. Elle ne se laissa entraîner à aucune manifestation violente, et se borna, aussitôt les Autrichiens sortis, à prendre les mesures nécessaires pour prévenir leur retour. La garnison et l'armée ne pouvaient rester dans Milan avec les alliés victorieux aux portes de la ville et la population disposée à se soulever; la retraite sur l'Adda fut ordonnée, et commença aussitôt. A mesure qu'un corps arrivait, on le faisait reposer quelques instants, prendre des vivres, et les employés accouraient se joindre aux troupes. Le défilé dura toute la nuit.

Pendant ce temps on enclouait les canons de la citadelle et du fort de Ponte-Tesa; on chargeait sur les voitures de train tout ce qui était susceptible de transport; il n'y avait qu'un seul mot d'ordre : se hâter à tout prix. Le peuple avait pénétré dans la citadelle, et, sous les yeux des Autrichiens, il enlevait les armes de l'arsenal, les munitions, les effets militaires, sans que personne songeât à l'empêcher.

Le dimanche matin, 5 juin, les derniers bataillons sortirent de la ville. Derrière eux, les citoyens, dont un grand nombre étaient déjà en armes, élevaient des barricades pour s'opposer à toute nouvelle tentative de l'ennemi. Milan était libre enfin. Elle se sentait renaître à la vie politique, et elle ne perdit pas de temps pour exercer les droits dont elle avait été privée si longtemps. En l'absence de M. Sebregondi, podestat, qui avait disparu, ses six adjoints, composant l'autorité municipale de Milan, rédigèrent un acte par lequel ils demandaient, au nom de la ville, et d'après le vœu unanime de leurs concitoyens, l'annexion de la Lombardie au Piémont, conformément à l'acte rédigé *ad hoc* en 1848. Ils se rendirent ensuite au quartier général du roi, à Saint-Martin de Trécate, pour lui présenter cet acte et lui remettre les clefs de la ville. En partant ils firent afficher une proclamation ainsi conçue :

« Citoyens, l'armée alliée, sous les ordres du magna-
« nime empereur Napoléon III, qui a pris la défense
« de l'indépendance italienne, après d'éclatantes vic-
« toires, approche des portes de la ville. Les troupes
« ennemies sont battues et en pleine déroute. Le roi

« Victor-Emmanuel II, le premier soldat de l'Italie
« rachetée, arrivera sous peu au milieu de nous; il
« demandera ce qu'a fait l'héroïque Milan pour la
« cause nationale. La résistance morale de dix années
« à l'oppression étrangère vous a déjà valu l'estime de
« toute l'Italie et a confirmé la gloire des cinq journées.
« Mais maintenant il faut préparer un accueil digne de
« vous à l'armée nationale et à l'armée alliée. Procla-
« mons le roi Victor-Emmanuel II, qui, depuis dix ans,
« prépare la guerre de l'indépendance ; renouvelez
« l'annexion de la Lombardie au généreux Piémont ;
« renouvelez-la par des faits, par des armes, par des
« sacrifices. *Vive le Roi! vive l'Italie! vive le statut!*

« Milan, le 5 juin 1859. »

Les magistrats de Milan n'avaient pas besoin d'exciter
le zèle de leurs concitoyens pour faire un accueil cordial
et chaleureux aux troupes alliées. Quand on apprit, le
7 juin au matin, l'arrivée prochaine des premiers
bataillons français, la ville entière se porta de très-
bonne heure vers l'arc de triomphe du Simplon, par
où ils devaient entrer. C'était un spectacle indescriptible
que celui que présentait à ce moment la population
milanaise rangée sur les deux côtés de la route, depuis
la rotonde du Simplon jusqu'à la place de la Cathédrale
(ou du Dôme). Vers dix heures parurent les premières
colonnes françaises. Le maréchal de Mac-Mahon, le
nouveau duc de Magenta, était à la tête de ces troupes,
qui faisaient partie de son corps d'armée. Il fut acclamé
avec d'autant plus d'enthousiasme qu'une partie de la
population le prenait pour l'Empereur lui-même; mais
l'Empereur et le roi de Sardaigne avaient voulu laisser
au héros de Magenta la gloire de la première journée,

A partir de ce moment, on peut dire que la capitale de la Lombardie vécut pendant six jours dans un état de surexcitation et d'enthousiasme qui revêtait la forme la plus délirante et la plus passionnée.

« Multipliez, dit un témoin oculaire, l'ivresse par l'enthousiasme, ajoutez la frénésie à l'exaltation, cherchez ce que la joie la plus folle peut produire d'épanouissement et d'exubérance dans la manifestation des sentiments les plus vifs et les plus chauds, et vous aurez à peu près une idée du spectacle que Milan présenta pendant toute une semaine. Ce n'était plus une ville, c'était un volcan ; ce n'était plus du bonheur, c'était une explosion.

« Toutes les rues pavoisées de drapeaux flottant à chaque fenêtre, à chaque balcon des tentures ; le satin, le drap d'or, la moire mêlant leurs reflets et leurs chatoiements partout ; des femmes parées à ravir, battant des mains, agitant leurs mouchoirs et lançant des fleurs ; partout la foule inondant les rues et se pressant autour des bataillons, et, sur tout cet enivrement qui déborde, un soleil de feu qui remplit la ville de lumière : c'était à donner le vertige. »

Ce fut, parmi les familles de distinction comme parmi les gens de condition plus modeste, une émulation admirable pour recevoir et pour fêter nos braves soldats. A peine les armes furent-elles déposées, que chacun voulut s'emparer d'un Français, pour le traiter, pour le recevoir dans sa famille comme un frère, pour le promener triomphalement à travers la ville.

En même temps que cette splendide réception était faite aux braves que la fortune avait épargnés dans le combat, on n'oubliait pas ceux de leurs camarades pour qui elle s'était montrée moins favorable. Une partie des blessés français du 4 juin arrivèrent de

Magenta à Milan par le chemin de fer, et recevaient dans les maisons des habitants les soins les plus tendres et les plus dévoués.

Le lendemain, 8 juin, l'Empereur et le roi, dont le quartier général était la veille à Quarto-Cagnino, firent leur entrée dans la grande cité lombarde. Dès sept heures du matin, le Corso était envahi par une foule immense; les femmes, aux balcons et aux fenêtres, tenaient à la main d'énormes bouquets et des lauriers. Vers sept heures et un quart les deux souverains firent leur entrée. Les cent-gardes marchaient en tête du cortége; lorsqu'ils commencèrent à défiler dans le Corso, les vivat éclatèrent pour ne plus s'interrompre.

Chacun remarqua que l'Empereur avait cédé la place d'honneur au roi Victor-Emmanuel, et l'on comprit toute la délicatesse de cette conduite. La France a donné ses soldats à l'Italie pour l'aider à recouvrer sa liberté; elle a prêté l'appui de ses armes à un peuple que ses ennemis opprimaient; la place de son chef était donc seulement auprès du souverain que le courage de notre armée fait entrer en maître dans une ville où les derniers Autrichiens qui s'y trouvent encore ne sont plus que des prisonniers.

Cette remarque, qui n'échappa, pour ainsi dire, à personne, ne fit qu'augmenter l'enthousiasme pour l'Empereur. La foule se précipitait sous les chevaux des deux souverains; des hommes se jetaient à genoux et mêlaient à leurs prières le nom de Napoléon; on cherchait à prendre ses mains, des vieillards lui montraient avec bonheur leur médaille de Sainte-Hélène, qu'ils avaient dû tenir cachée depuis un an; des femmes du peuple élevaient leurs enfants au-dessus de leurs têtes, et en même temps les bouquets et les couronnes

10

lancés de toutes les fenêtres formaient sous les pieds des chevaux une litière de roses et de lauriers.

Aucun des monarques alliés ne voulut habiter le palais royal. Le roi de Sardaigne descendit au palais Busca, à la porte duquel l'Empereur le quitta, pour se rendre seul avec son escorte, à la villa Bonaparte, ancienne habitation de sa famille. A peine était-il entré dans cette villa, que Napoléon en ressortit à cheval, et, suivi d'une escorte peu nombreuse, il alla visiter les blessés qui avaient été transportés dans le grand hôpital. En revenant de cette triste excursion, il fut escorté par une foule qui se livrait de nouveau aux démonstrations et aux transports d'une joie qui ne connaissait plus de limites. On lui barrait le passage, afin que des fenêtres des maisons on eût le temps de lui jeter des fleurs et des couronnes de laurier et de rubans. Toute l'escorte impériale avait sa part de félicitations, de caresses, de vivat et de fleurs.

Quelques instants après, on afficha sur les murs de Milan une proclamation de l'Empereur aux Italiens et un ordre du jour à l'armée, qui firent une impression profonde sur la population. Répandus bientôt à Paris et dans toute la France, ces deux manifestes n'y produisirent pas une moindre sensation. L'Empereur y renouvelait, à la face de l'Europe, et sous l'influence de ses récents triomphes, les solennels engagements qu'il avait pris en répondant à la provocation de l'Autriche. La proclamation au peuple italien est un énergique appel au patriotisme ; l'ordre du jour aux soldats résume admirablement les prodiges accomplis pendant la première et courte période de cette campagne. Voici ces deux documents, qui désormais ont leur place dans l'histoire :

PROCLAMATION DE L'EMPEREUR NAPOLÉON AUX ITALIENS.

« ITALIENS !

« La fortune de la guerre nous conduisant aujour-
« d'hui dans la capitale de la Lombardie, je viens vous
« dire pourquoi j'y suis.

« Lorsque l'Autriche attaqua injustement le Piémont,
« je résolus de soutenir mon allié le roi de Sardaigne,
« l'honneur et les intérêts de la France m'en faisant un
« devoir.

« Vos ennemis, qui sont les miens, ont tenté de
« diminuer la sympathie universelle qu'il y avait en
« Europe pour votre cause, en faisant croire que je ne
« faisais la guerre que par ambition personnelle ou
« pour agrandir le territoire de la France.

« S'il y a des hommes qui ne comprennent pas leur
« époque, je ne suis pas du nombre.

« Dans l'état éclairé de l'opinion publique, on est
« plus grand aujourd'hui par l'influence morale qu'on
« exerce que par des conquêtes stériles, et cette in-
« fluence morale, je la recherche avec orgueil en con-
« tribuant à rendre libre une des plus belles parties de
« l'Europe.

« Votre accueil m'a déjà prouvé que vous m'avez
« compris.

« Je ne viens pas ici avec un système préconçu pour
« déposséder les souverains ni pour imposer ma vo-
« lonté; mon armée ne s'occupera que de deux choses,
« combattre vos ennemis et maintenir l'ordre inté-
« rieur. Elle ne mettra aucun obstacle à la libre ma-
« nifestation de vos vœux légitimes.

« La Providence favorise quelquefois les peuples
« comme les individus en leur donnant l'occasion de
« grandir tout à coup ; mais c'est à la condition qu'ils
« sachent en profiter.

« Profitez donc de la fortune qui s'offre à vous !

« Votre désir d'indépendance si longtemps exprimé,
« si souvent déçu, se réalisera, si vous vous en montrez
« dignes.

« Unissez-vous donc dans un seul but : l'affranchis-
« sement de votre pays.

« Organisez-vous militairement.

« Volez sous les drapeaux du roi Victor-Emmanuel,
« qui vous a déjà si noblement montré la voie de l'hon-
« neur !

« Souvenez - vous que sans discipline il n'y a pas
« d'armée, et, animés du feu sacré de la patrie, ne
« soyez aujourd'hui que soldats ; demain vous serez
« citoyens libres d'un grand pays.

« Fait au quartier impérial de Milan, le 8 juin 1859.

« NAPOLÉON. »

PROCLAMATION DE L'EMPEREUR NAPOLÉON
A L'ARMÉE D'ITALIE.

« SOLDATS,

« Il y a un mois, confiant dans les efforts de la
« diplomatie, j'espérais encore la paix, lorsque tout à
« coup l'invasion du Piémont par les troupes autri-
« chiennes nous appela aux armes. Nous n'étions pas
« prêts.

« Les hommes, les chevaux, le matériel, les appro-
« visionnements manquaient, et nous devions, pour

« secourir nos alliés, déboucher à la hâte, par petites
« fractions, au delà des Alpes, devant un ennemi re-
« doutable et préparé de longue main.

« Le danger était grand ; l'énergie de la nation et
« votre courage ont suppléé à tout. La France a re-
« trouvé ses anciennes vertus, et, unie dans un même
« but comme dans un seul sentiment, elle a montré la
« puissance de ses ressources et la force de son patrio-
« tisme. Voilà dix jours que les opérations ont com-
« mencé, et déjà le territoire piémontais est débar-
« rassé de ses envahisseurs.

« L'armée alliée a livré quatre combats heureux et
« remporté une victoire décisive, qui lui ont ouvert les
« portes de la capitale de la Lombardie ; vous avez mis
« hors de combat plus de 35,000 Autrichiens, pris
« 17 canons, 2 drapeaux, 8,000 prisonniers : mais
« tout n'est pas encore terminé ; nous aurons encore
« des luttes à soutenir, des obstacles à vaincre.

« Je compte sur vous : courage donc, braves soldats
« de l'armée d'Italie ! Du haut du ciel, vos pères vous
« contemplent avec orgueil !

« Fait au quartier général de Milan, le 8 juin 1859.

« NAPOLÉON. »

Dans sa proclamation à l'armée, l'Empereur, après
avoir rappelé à ses soldats ce qu'ils avaient fait depuis
dix jours, ajoutait : « Mais tout n'est pas terminé ; nous
« aurons encore des luttes à soutenir, des obstacles à
« vaincre ; » et, comme pour affirmer ces paroles, pendant qu'on affichait la proclamation dans les rues de
Milan, une lutte sanglante s'engageait à quelques lieues
de cette ville, une nouvelle victoire venait illustrer nos

armes à Marignan, lieu déjà rendu célèbre par la victoire mémorable que notre roi François Ier y remporta dans les journées des 13 et 14 septembre 1515, sur les Suisses et sur le duc de Milan.

Cependant Milan, tout entier à la joie de posséder dans ses murs les deux souverains ses libérateurs, ne songeait qu'à illuminer splendidement ses rues, malgré un violent orage qui éclata dans la soirée, sans se douter qu'une bataille sanglante se livrait presque à ses portes. Le bruit du canon aurait pu s'entendre du centre même de la ville, si celui du tonnerre ne l'avait entièrement couvert. On confondait ces deux bruits, et les Milanais, tout à leur joie, étaient seulement contrariés que la pluie vînt si mal à propos gêner leurs préparatifs.

Cependant au quartier général les nouvelles arrivaient de quart d'heure en quart d'heure. L'engagement avait commencé seulement un peu avant six heures du soir; il n'avait pu se terminer avant huit heures et demie. A neuf heures, tout Milan savait que notre armée venait d'obtenir un nouveau triomphe. Des applaudissements sans fin, des cris de *Vivent les Français!* accueillirent cette nouvelle. Toute la nuit, les acclamations, les vivat et les bravos retentirent. Le lendemain matin, Milan avait le même aspect que la veille, et une foule tellement compacte encombrait le Corso, qu'il était à peu près impossible de se frayer un passage à travers ses rangs pressés à moins d'être revêtu d'un uniforme. De tous côtés on s'abordait en cherchant à connaître les détails du combat de Melegnano (Marignan); l'artillerie revenant du champ de bataille défilait, et la population distribuait des bouquets aux artilleurs; chaque bouche de canon était enguirlandée de lauriers. Avant d'aller plus loin, nous croyons devoir publier ici le rapport officiel adressé par le maréchal Baraguay-d'Hilliers à l'Empereur sur ce combat.

« Melegnano, le 10 juin 1859.

« SIRE,

« Votre Majesté m'a donné l'ordre hier de me porter avec le 1er corps sur la route de Lodi, de chasser l'ennemi de San-Giuliano et de Melegnano, en me prévenant que, pour cette opération, elle m'adjoignait le 2e corps, commandé par le maréchal de Mac-Mahon.

« Je me suis porté immédiatement à San-Donato pour m'entendre avec le maréchal, et nous sommes convenus qu'il attaquerait avec sa 1re division San-Giuliano; qu'après en avoir déposté l'ennemi, il se dirigerait sur Carpianello pour passer le Lombro, dont les abords sont très-difficiles, et que de là il se dirigerait sur Mediglia.

« La 2e division devait prendre, à San-Martino, la route qui, par Trivulzo et Casanova, la conduisait à Bettola et se dirigeait sur la gauche de Mediglia, de manière à tourner la position de Melegnano.

« Il fut convenu que le 1er corps se dirigerait tout entier sur la grande route de Melegnano, enverrait à droite, au point indiqué sur la carte « Betolma, » la 1re division, qui, passant par Civesio, Viboldone, irait à Mezzono, établirait sur ce point une batterie de 12 pièces pour battre Pedriano d'abord, et plus tard le cimetière de Melegnano, où l'ennemi s'était retranché, et où il avait établi de fortes batteries;

« Que la 2e division du 1er corps, après avoir quitté San-Giuliano, se porterait sur San-Brera et y établirait également une batterie de 12 pièces, pour battre le cimetière et enfiler la route de Melegnano à Lodi;

« Qu'enfin la 3ᵉ division du même corps se dirigerait directement sur Melegnano et enlèverait la ville, concurremment avec les 1ʳᵉ et 2ᵉ divisions, dès que le feu de notre artillerie y aurait jeté du désordre.

« La 1ʳᵉ division, laissant Melegnano sur sa gauche, eut ordre de se porter sur Cerro, la 2ᵉ et la 3ᵉ sur Sordio, où elles devaient se mettre en rapport avec le 2ᵉ corps, qui, par Dresano et Casalmajocco, s'y dirigeait également.

« Pour que ces combinaisons pussent avoir un plein succès, il fallait que le temps ne manquât pas à leur développement, et, en me prescrivant d'opérer le jour même de mon départ de San-Pietro-l'Olmo, Votre Majesté rendait ma tâche plus difficile, car la tête de la 3ᵉ division du 1ᵉʳ corps ne put entrer en ligne qu'à trois heures et demie, tant la route était embarrassée par les convois des 2ᵉ et 4ᵉ corps. Cependant, à deux heures et demie je donnai l'ordre au maréchal de Mac-Mahon de marcher sur San-Giuliano : il n'y trouva pas l'ennemi, passa le Lombro à gué, quoiqu'un pont fût indiqué sur la carte à Carpianello, et continua son mouvement sur Mediglia.

« A cinq heures et demie, la 3ᵉ division du 1ᵉʳ corps arriva à environ 1,200 mètres de Melegnano, occupé par l'ennemi, qui avait élevé une barricade à environ 500 mètres en avant sur la route, et avait établi des batteries à l'entrée même de la ville, derrière une coupure, à hauteur des premières maisons. J'ordonnai au général Bazaine de disposer sa division pour l'attaque : un bataillon de zouaves fut jeté en avant et sur les flancs en tirailleurs. L'ennemi nous accueillit par une canonnade qui pouvait devenir dangereuse, parce que ses boulets enfilaient la route sur laquelle nous devions marcher en colonne.

« Notre artillerie répondit avec succès à celle des Autrichiens, et le général Forgeot, avec deux batteries et les tirailleurs de la 1re division à Mezzano, appuya sur notre droite l'attaque que nous allions faire. Je fis mettre les sacs à terre et lancer au pas de course sur la batterie ennemie le 2e bataillon de zouaves, suivi par toute la 1re brigade. Les Autrichiens avaient garni d'une nuée de tirailleurs les premières maisons de la ville, la coupure de la route et le cimetière, et cependant ils ne purent résister à l'élan de notre attaque, battirent en retraite à droite et à gauche, firent une vigoureuse résistance dans les rues, au château, derrière les haies et les murs des jardins, et furent complétement chassés de la ville à neuf heures du soir.

La 2e division, à son arrivée près de Melegnano, prit à gauche de la 3e, suivit la rivière, et prit ou tua les ennemis que nous avions déjà chassés du haut de la ville et dépassés. Le maréchal de Mac-Mahon put même envoyer aux Autrichiens des balles et des boulets sur la route de Lodi : il s'était porté, au bruit de notre fusillade, à Colognio.

« La résistance de l'ennemi a été vigoureuse. On s'est plusieurs fois abordé à la baïonnette : dans l'un des retours offensifs des Autrichiens, l'aigle du 33e, un instant en péril, a été bravement défendue.

« Les pertes de l'ennemi sont considérables : les rues et les terrains avoisinant la ville étaient jonchés de leurs morts : 1,200 blessés autrichiens ont été portés à nos ambulances ; nous avons fait de 8 à 900 prisonniers et pris une pièce de canon. Nos pertes s'élèvent à 943

hommes tués ou blessés; mais, comme dans tous les
engagements précédents, les officiers ont été frappés
dans une large proportion : le général Bazaine et le
général Goze ont été contusionnés; le colonel du 1er de
zouaves a été tué; le colonel et le lieutenant-colonel du
33e ont été blessés; il y a eu en tout 13 officiers tués et
56 officiers blessés.

« J'ai l'honneur d'envoyer à l'Empereur, avec l'état
de ces pertes, les propositions faites par les généraux
de division et approuvées par moi. Je le prie d'y avoir
égard, et de traiter le 1er corps avec sa bienveillance
habituelle.

« Je lui recommanderai particulièrement le colonel
Anselme, mon chef d'état-major, proposé pour général
de brigade; le commandant Foy, dont le cheval a été
blessé, et qui est proposé pour lieutenant-colonel; le
commandant Melin, proposé pour officier de la Légion
d'honneur; le capitaine de Rambaud, pour lequel j'ai
demandé déjà de l'avancement, et M. Franchetti, sous-
officier au 1er chasseurs d'Afrique, mon porte-guidon,
qui a été blessé à mes côtés. »

Le combat de Melegnano était le complément de la
bataille de Magenta. Les Autrichiens avaient fortement
occupé cette position pour couvrir leur retraite après la
bataille, et peut-être pour tenter à l'occasion un retour
offensif. On comprend donc quelle importance l'Empereur attachait à la possession de Melegnano, qui devait
nécessairement précipiter et compléter le mouvement de
retraite de l'ennemi, en même temps qu'elle garantis-
sait la sécurité de la capitale. Nous verrons plus loin
quelles furent les suites immédiates de ce succès.

On avait pensé que le jour même de leur entrée les

deux souverains se seraient rendus à la cathédrale, où serait chanté un *Te Deum* d'actions de grâces; mais l'Empereur voulut attendre le résultat du combat de Marignan, et la cérémonie fut remise au lendemain 9 juin. Elle n'en fut que plus brillante, et l'enthousiasme prit dans cette circonstance des proportions gigantesques. C'est sous une avalanche de fleurs et de couronnes que Napoléon III et Victor-Emmanuel traversèrent le Corso pour se rendre au Dôme (la cathédrale). Cent mille personnes au moins, les unes aux fenêtres, les autres dans la rue, poussaient des cris et des vivat à faire trembler le sol. Les bouquets partis des fenêtres couvraient l'Empereur. Son cheval s'est cabré vingt fois, effrayé par tous ces projectiles qui l'aveuglaient; souvent l'Empereur fit signe de la main, comme pour modérer les transports de la foule. Mais la foule ne s'arrêtait pas, et, à l'arrivée de Sa Majesté et du roi dans la cathédrale, les cris ont repris avec plus de force.

L'évêque-coadjuteur, Mgr Caccia, revêtu de ses habits pontificaux et entouré du clergé métropolitain en grand costume, reçut les deux monarques à l'entrée du Dôme. Ils furent conduits processionnellement aux places qui leur avaient été réservées, et la cérémonie commença aussitôt sous les vastes arceaux de cette imposante basilique.

La rentrée de Leurs Majestés aux palais Busca et Bonaparte a donné lieu à de nouvelles ovations, et le peuple milanais s'est montré vraiment digne des sacrifices que fait la France pour rendre à l'Italie sa liberté et son repos. Il s'en est montré peut-être plus digne encore par une manifestation noble et touchante, plus propre encore à prouver sa reconnaissance que les démonstra-

tions joyeuses et bruyantes qu'il avait fait éclater jusque-là. La première pensée de la population milanaise
à la nouvelle de la victoire de Melegnano, avait été
toute à la joie d'un nouveau triomphe; mais à ce premier mouvement succéda bientôt un sentiment de pitié
et de commisération pour les blessés. On commença
par envoyer des lits, des matelas, du linge, de la
charpie au grand hôpital, à l'hôpital militaire et aux
hospices Trivulzi et Toppone; de plus, un grand nombre
de propriétaires établirent des ambulances dans leurs
hôtels, où nos soldats furent traités et soignés comme
s'ils eussent été des membres de la famille. Ce n'est pas
tout : en apprenant que la municipalité faisait des réquisitions de charrettes et de véhicules de différentes
espèces pour aller recueillir les blessés sur le champ de
bataille, toute l'aristocratie s'empressa d'y envoyer ses
voitures, et bientôt des calèches et des landaus sortirent
en longue file de la *Porta Romana,* conduits par des
cochers en brillantes livrées. La promenade du Corso
fut remplacée par le pèlerinage à Melegnano ; on vit de
nobles et grandes dames milanaises descendre sur la
route, prendre les blessés par les bras, les aider à s'as-
seoir sur les coussins et monter bravement sur le siége,
à côté du cocher, quand leur voiture était remplie de
blessés.

Ces actes touchants d'humanité n'empêchaient pas les
manifestations politiques de remplir la ville d'illuminations et de cris plus bruyants encore qu'à l'ordinaire.
Cette fois il s'agissait d'acclamer l'annexion de la Lombardie au Piémont. Dans la soirée du 9, quinze mille
personnes au moins se portèrent vers le palais Busca en
criant : *Vive le roi! Vive Victor-Emmanuel! Vive l'annexion!* Toute l'aristocratie milanaise, les plus grands

noms de la Lombardie, prirent part à ce mouvement, protestant ainsi de leur sincère et complet assentiment à l'annexion.

En présence de cette unanimité de sentiments, et pour répondre au vœu de toute la population, Victor-Emmanuel n'hésita pas à nommer immédiatement un gouverneur de la Lombardie agissant au nom du roi. Il fit choix, pour ces éminentes fonctions, de M. Paul-Honoré Vigliani, grand officier de l'ordre des Saints-Maurice-et-Lazare, ancien magistrat à la cour de Gênes, jadis commissaire royal dans les duchés à l'époque de 1848.

Le même jour, le roi de Sardaigne adressa à la nation lombarde une proclamation dans laquelle il déclarait que la forme qu'il donnait aujourd'hui au gouvernement était essentiellement temporaire et réclamée par la nécessité de la guerre.

Il publia ensuite un décret, réglant les attributions du gouvernement de la Lombardie, révoquant tous les fonctionnaires non italiens, supprimant la lieutenance et la sous-lieutenance, les délégations provinciales, la sûreté générale de la police ainsi que les commissariats impériaux de police des provinces, etc. etc. Le comte Louis Belgiojoso fut nommé podestat. Tout le monde applaudit à cette nomination, qui plaçait à la tête de la municipalité de Milan un de ses citoyens les plus estimés et les plus aimés.

Fidèle à sa règle de conduite, à l'esprit de ses proclamations et au but qu'il s'était tracé, l'Empereur laissa toute liberté d'action à la population milanaise, et ne voulut point intervenir dans les actes ni dans les manifestes du gouvernement. Pendant tout le temps qu'il passa à Milan, du 8 au 12 juin, il ne s'occupa que de diriger les mouvements des différents corps de la grande armée qu'il commandait en chef, et de suivre avec soin la marche en retraite de l'armée enuemie, afin de pénétrer ses intentions.

CHAPITRE XI

Mouvement de Garibaldi. — Ses marches et contre-marches dans la Valteline. — Ses succès. — Sa visite à Milan à l'Empereur et au roi de Piémont. — Il s'empare de Bergame et de Brescia. — Léger échec qu'il éprouve à Castenedolo. — Marche de l'armée alliée à la poursuite de l'armée autrichienne. — Passage de l'Adda par l'armée française. — Sa marche sur Brescia. — Les Autrichiens abandonnent toutes les positions qu'ils occupaient dans l'Italie centrale. — Concentration de leurs forces. — Cause de cette concentration. — Crainte de l'arrivée du 5ᵉ corps. — Révolution en Toscane. — Le grand-duc se retire. — Proclamation du conseil municipal de Florence aux Toscans. — Le général Ulloa est nommé chef de l'armée toscane. — Le gouvernement provisoire toscan se met sous la protection du roi de Sardaigne. — Celui-ci nomme un commissaire royal pour le représenter en Toscane. — Un mouvement semblable à celui de la Toscane éclate à Parme et à Modène. — Motifs qui déterminèrent l'Empereur à envoyer en Toscane un corps d'armée (le 5ᵉ) sous les ordres du prince Napoléon. — Arrivée de ce prince à Livourne. — Sa proclamation aux habitants de la Toscane. — Accueil plein d'enthousiasme fait par les Toscans à l'armée française et au prince Napoléon. — Organisation de l'armée toscane. — Départ du 5ᵉ corps pour rejoindre la grande armée.

Nous avons cessé de suivre les mouvements de Garibaldi depuis la prise de Côme, les opérations des armées alliées ayant depuis lors captivé toute notre attention, et par leur importance et par leurs résultats. Cependant un grand intérêt s'attache aux manœuvres de ce chef célèbre et entreprenant.

Ses marches audacieuses dans la Valteline furent le résultat de combinaisons aussi justes que savantes. On les a comparées avec justesse à celles du maréchal de

Rohan, dans le même pays, au commencement du XVIIe siècle, et à celles du général Lecourbe en 1799. Maître des défilés qui bordent le lac Majeur, et toujours sûr d'une retraite en cas d'insuccès, il jetait ses hardis partisans sur les colonnes autrichiennes, les attaquait au moment opportun et se repliait dès qu'il avait affaire à des forces supérieures.

Après s'être emparé de Côme, le 29 mai, il retournait à Varese, où les Autrichiens étaient rentrés, tombait sur eux par surprise, le 2 juin, les battait et délivrait une seconde fois la ville. Le lendemain, il revenait à Côme, dont il avait fait son quartier général, et d'où son action s'étendait jusqu'aux montagnes de la Valteline, de Fuente, Sondrio et Tirano, à Bormio.

Lorsque l'Empereur et le roi de Sardaigne arrivèrent à Milan, Garibaldi se rendit auprès d'eux. Victor-Emmanuel le décora de la médaille d'or, l'une des plus hautes récompenses militaires du Piémont. Après s'être concerté avec les deux souverains sur ses opérations futures, le général Garibaldi partit immédiatement pour Lecco et marcha de là sur Bergame, gardée par 5,000 Autrichiens. A son approche, ceux-ci se hâtèrent d'abandonner cette ville, où il entra sans coup férir et aux acclamations de la population bergamasque. Sans perdre de temps, Garibaldi se porta ensuite sur Brescia, précédant, suivant son habitude, en hardi et glorieux éclaireur, les armées alliées qui étaient en marche sur cette ville.

A peine installé dans Brescia avec sa légion, le général Garibaldi se rendit avec une partie de ses forces, dans la nuit du 14 au 15 juin, à Bettoletto ; il y fit construire un pont sur la Chiese, en remplacement de celui que les Autrichiens avaient détruit peu de jours auparavant; puis il occupa Treponti et Rezzato, sur la route de Lonato, à peu de distance de Castenedolo, position défendue par un corps nombreux d'Autrichiens, dont les vedettes n'étaient qu'à une faible distance des avant-postes des chasseurs des Alpes. Ce voisinage ne tarda pas à amener une escarmouche entre les avant - postes, et bientôt un combat. Quelques compagnies du régiment des chasseurs des Alpes, sous les ordres du colonel Medicis, attaquèrent vivement les Autrichiens, qui battirent en retraite. Emportés par leur ardeur, les chasseurs les poursuivirent jusqu'à Castenedolo. Là les Autrichiens, qui avaient des forces considérables, tombèrent sur cette poignée de braves, cherchant à les envelopper. Ceux-ci battirent à leur tour en retraite en bon ordre. Le général Garibaldi, accouru en toute hâte, arrêta le mouvement de retraite des siens et força l'ennemi à rétrograder.

Le général Cialdini, apprenant le combat qui se livrait, s'était rendu avec une partie de sa division à Rezzato, pour appuyer au besoin le général Garibaldi; mais quand il arriva, tout était terminé. Les Autrichiens ne s'étaient pas avancés au delà de Treponti, qu'ils avaient presque aussitôt évacué, et même, la nuit suivante, ils se retirèrent de Castenedolo, se dirigeant sur Montechiaro.

Le combat de Castenedolo avait coûté aux chasseurs des Alpes une centaine d'hommes tant tués que blessés; ces pertes étaient sérieuses, moins cependant que ne l'ont proclamé les bulletins autrichiens, qui évaluent les pertes des volontaires à 400 hommes mis hors de combat et à 80 prisonniers, et qui représentent cette escarmouche comme une grande victoire remportée par les troupes de François-Joseph. Nous ne les chicanerons pas à ce sujet; après Montebello, Palestro, Magenta, Marignan, et quelques jours avant Solferino, on peut bien leur accorder, à titre de consolation, la victoire de Castenedolo.

Du reste ce fut le seul incident qui, depuis le glorieux combat de Marignan jusqu'à la grande bataille du 24, troubla la marche de l'armée alliée à la suite des Autrichiens, qui se retiraient de partout sans opposer la moindre résistance. Encore cet incident n'eut-il quelque retentissement qu'à l'extrême gauche, c'est-à-dire dans l'armée piémontaise; à peine en entendit-on parler dans notre armée.

L'Empereur quitta Milan le 12 juin, et transporta son quartier général à Gorgonsola. Dans l'après-midi, Sa Majesté fit jeter en sa présence deux ponts de bateaux sur l'Adda, à la hauteur de Cassano; en même temps on réparait les ponts coupés par l'ennemi.

L'armée française, après avoir passé l'Adda sur ces divers ponts, se dirigea à petites journées sur Brescia, où elle entra le 18 par la route de Triviglio, Covo et Chiari, tandis que l'armée piémontaise suivait une direction parallèle, un peu plus au nord, en passant par Vaprio, Palazzolo et Cozzaglio.

A mesure que l'armée alliée avançait, les Autrichiens se retiraient, abandonnant tout le pays entre la Chiese et le Mincio, et établissant leur quartier général à Villafranca, un peu en arrière de cette rivière. Garibaldi avait pris position à Solo sur le lac de Garde.

En même temps les Autrichiens avaient abandonné toutes les positions qu'ils occupaient dans les États de l'Église, c'est-à-dire Bologne, Ancône et Ferrare, ainsi que Modène, Reggio et Brescello, qu'ils occupaient dans le duché de Modène. Ils se retiraient également de Pizzighettone et de Crémone, et concentraient toutes leurs forces entre l'Oglio, la rive gauche du Pô, les Alpes tyroliennes et la mer Adriatique.

La cause de cette forte concentration était due non-seulement à la marche victorieuse de l'armée alliée, mais encore à la crainte qu'éprouvaient les Autrichiens de voir cette armée considérablement augmentée d'un jour à l'autre par l'arrivée du 5e corps, commandé par le prince Napoléon. Nous n'avons pas encore parlé de ce corps, dont la mission, quoiqu'il n'ait pas eu occasion d'en venir aux mains avec l'ennemi, n'a pas moins eu une grande importance. Nous allons en peu de mots indiquer à quelle occasion ce corps avait été formé, et quelle était sa destination. Mais auparavant il est nécessaire d'entrer dans quelques détails sur les événements qui se sont passés dans l'Italie centrale au moment où la guerre éclatait entre le Piémont et l'Autriche.

Le 27 avril, une foule de personnes de toutes les classes se rassemblèrent sur la place de Borbano, la plus vaste de Florence, en demandant que la Toscane unît ses armes à celles de la France et du Piémont pour chasser les Autrichiens de l'Italie.

En voyant l'effervescence des esprits, le grand-duc fit appeler M. Corsini, marquis de Lajatico, pour s'éclairer de ses conseils, et le charger au besoin de former un ministère; mais le marquis lui représenta respectueusement que le seul moyen de conserver sa couronne était de se mettre franchement à la tête du mouvement national, ou, s'il ne voulait pas prendre ce parti, d'abdiquer en faveur de son fils. Le prince convoqua alors le corps diplomatique, exposa le sacrifice qu'on exigeait de lui, sacrifice auquel il ne consentirait jamais; il termina en priant les ambassadeurs de vou-

loir bien pourvoir à sa sûreté et à celle de sa famille,
afin qu'il pût, avec elle, quitter le sol de la Toscane.
L'engagement en fut pris à l'instant par le corps diplomatique tout entier.

Le soir même, à six heures, le grand-duc et sa
famille, escortés par les membres du corps diplomatique, quittèrent le palais, traversèrent la foule silen-
cieuse et prirent la route de Bologne. Les ambassadeurs quittèrent le prince fugitif à la frontière de ses
États.

A peine le grand-duc avait-il franchi les murs de sa
capitale, que le peuple, resté calme jusqu'à son départ,
se répandit par groupes dans la ville en criant : *Vive la
guerre! Vive l'indépendance! Vive Napoléon III! Vive
Victor-Emmanuel!*

Ce fut à ces démonstrations que se borna cette
révolution, accomplie en quelques heures, sans combat, sans effusion de sang, et dont les conséquences
étaient des plus importantes pour la campagne qui
allait s'ouvrir, puisque, en nous donnant dans le peuple
toscan un nouvel allié, elle créait en notre faveur une
puissante diversion.

Le départ précipité du grand-duc laissait le pays sans
gouvernement. Le conseil municipal, se faisant l'inter-
prète du vœu général, se réunit immédiatement, et
nomma d'urgence un gouvernement provisoire, dont
les membres, MM. le chevalier Ubaldino Peruzzi,
les majors Vincent Maleschini et Alessandro Danzini,
étaient installés le soir même, une heure et demie à
peine après le départ du grand-duc, et publiaient la
proclamation suivante :

« Toscans, le grand-duc et son gouvernement, au

« lieu de satisfaire aux justes désirs manifestés de tant
« de manières et depuis si longtemps par le pays, l'ont
« abandonné à lui-même. Dans cette situation fâcheuse,
« le conseil municipal de Florence, seul vestige subsis-
« tant de l'autorité, s'est réuni extraordinairement, en
« vue de pourvoir à la nécessité impérieuse qu'il y a de
« ne pas laisser la Toscane sans gouvernement, et nous
« a chargés de l'administrer provisoirement.

« Toscans, nous avons accepté ce grave fardeau seu-
« lement pendant le temps nécessaire pour que S. M. le
« roi Victor-Emmanuel puisse pourvoir promptement,
« et durant la guerre, à gouverner la Toscane de ma-
« nière à concourir efficacement à la délivrance du pays.
« Nous nous confions à l'amour de la patrie italienne
« qui anime notre pays, et par lequel l'ordre et la tran-
« quillité seront conservés. Ce n'est qu'avec l'ordre et
« la discipline qu'on parvient à régénérer les nations
« et à être vainqueur dans les batailles. »

Le premier acte de la nouvelle administration fut de
donner à l'armée un chef habile et connu, capable de
la diriger dans la nouvelle carrière qu'elle allait parcourir. Son choix s'arrêta sur le général Ulloa, l'un des plus
valeureux défenseurs de Venise en 1849.

Après avoir rendu plusieurs autres décrets d'urgence,
le gouvernement provisoire offrit au roi de Sardaigne
le protectorat de la Toscane pendant la guerre. Le roi
accepta cette proposition, et délégua ses pouvoirs à son
ministre plénipotentiaire, M. Boncompagni, qui ajouta
à son titre celui de commissaire extraordinaire du roi
pour la guerre de l'indépendance. Le 11 mai, le gouvernement provisoire de la Toscane transmit ses pouvoirs au commissaire royal. Celui-ci, après avoir notifié

au pays sa prise de possession, et expliqué la nature et la durée des pouvoirs qui lui étaient confiés, forme un nouveau ministère et institue une consulte pour régler les intérêts du pays.

Un mouvement semblable à celui de la Toscane ne tarda pas à se manifester dans les petits duchés de Parme et de Modène. Les souverains de ces deux États furent aussi contraints de s'éloigner; les gouvernements provisoires établis après leur départ demandèrent également la protection du Piémont, qui y envoya des commissaires extraordinaires, comme il avait fait à Florence.

En présence de ces graves événements, l'Empereur jugea nécessaire d'envoyer en Toscane le 5ᵉ corps de l'armée d'Italie, sous les ordres de S. A. I. le prince Napoléon. En même temps le roi Victor-Emmanuel annonçait aux troupes toscanes l'arrivée du prince français dans un ordre du jour où l'on remarque les passages suivants : « Vous n'êtes plus les soldats d'une province; « vous faites partie de l'armée italienne. Vous croyant « dignes de combattre à côté des vaillants soldats de la « France, je vous place sous les ordres de mon très-« cher gendre, le prince Napoléon, qui a reçu de l'Em-« pereur des Français la direction d'importantes opéra-« tions militaires. Obéissez-lui comme vous obéiriez à « moi-même, car nous avons une pensée commune avec « le généreux Empereur descendu en Italie comme le « défenseur de la justice et du droit national... »

Le prince, en débarquant à Livourne, le 23 mai, adressa à son tour aux Toscans une proclamation dans laquelle il établit de la façon la plus positive le but tout militaire de sa mission. Voici ce document remarquable à plus d'un titre :

« Habitants de la Toscane, dit le prince Napoléon,
« l'Empereur m'envoie dans vos pays, sur la demande
« de vos représentants, pour y soutenir la guerre contre
« vos ennemis, les oppresseurs de l'Italie.

« Ma mission est exclusivement militaire; je n'ai pas
« à m'occuper et je ne m'occuperai pas de votre organi-
« sation intérieure.

« Napoléon III a déclaré qu'il n'avait qu'une seule
« ambition, celle de faire triompher la cause sacrée de
« l'affranchissement d'un peuple, et qu'il ne serait
« jamais influencé par des intérêts de famille. Il a dit
« que le seul but de la France, satisfaite de sa puis-
« sance, était d'avoir à ses frontières un peuple qui lui
« devra sa régénération.

« Si Dieu nous protége et nous donne la victoire,
« l'Italie se constituera librement; et, en comptant
« désormais parmi les nations, elle affermira l'équilibre
« de l'Europe.

« Songez qu'il n'est pas de sacrifices trop grands
« lorsque l'indépendance doit être le prix de vos efforts,
« et montrez au monde, par votre union et par votre
« modération autant que par votre énergie, que vous
« êtes dignes d'être libres. »

Le prince Napoléon et les troupes qu'il commandait
furent accueillis en Toscane avec le même enthousiasme
et les mêmes démonstrations qui avaient signalé le passage des autres corps de l'armée française en Piémont
et en Lombardie. A Livourne, à Pise, à Florence, ce
fut partout la répétition de ce qui s'était passé à Gênes,
à Turin, à Alexandrie, à Milan; aussi nous ferons grâce
à nos lecteurs de ces descriptions, qui finiraient par être
monotones.

Au milieu de toutes ces ovations et de toutes ces
fêtes, le prince ne perdait pas de vue la mission dont il
était chargé. Dès son arrivée, il écrivit au général Ulloa
que les troupes toscanes feraient dorénavant partie du
5ᵉ corps. En conséquence, elles furent mises immédiatement sous ses ordres. Mais il fallait les organiser, ce qui
n'était pas aussi facile qu'on pourrait le penser, malgré la
bonne volonté de tous les soldats de l'armée toscane, et
l'active coopération du général Ulloa. Le ministre de la
guerre du grand-duc avait laissé son budget en déficit;
l'armée était en plein désarroi; il fallut donc tout im-
proviser, et dans moins d'un mois plus de 10,000
hommes furent armés, équipés, pourvus de tous les
objets nécessaires.

Enfin, le 12 juin, le 5ᵉ corps d'armée commença à
se mettre en marche. Il opéra, en avant et à gauche,
un mouvement qui le rapprochait à la fois du Pô et des
ports de la Spezzia et d'Avenza.

Le 16 juin, à deux heures, le prince Napoléon partait
de Florence par le chemin de fer. A trois heures il arrivait à Lucques, après s'être arrêté quelques instants à
Pistoia. Tout ce parcours ne fut qu'une ovation conti-
nuelle, aussi bien dans les campagnes que dans les
villes.

Nous ne suivrons pas plus loin la marche du 5ᵉ corps,
laquelle du reste n'offrit aucun incident remarquable
jusqu'à sa réunion à la grande armée, quelques jours
après la bataille de Solferino. Il est temps de nous
reporter sur les bords du Mincio.

CHAPITRE XII

Description topographique du pays où devait se livrer la bataille de
Solferino. — Mouvements de l'armée alliée pendant les journées des
21, 22 et 23 juin, et pendant la matinée du 24. — Bulletin de la
bataille de Solferino.

Avant de raconter les grands événements militaires
qui vont s'accomplir, il est utile de présenter à nos lecteurs un tableau du théâtre de ces opérations.

Du sud du lac de Garde, entre Lonato et Desenzano,
part une chaîne de hauteurs ou mamelons isolés, derniers contreforts des montagnes qui encadrent ce lac à
l'ouest. Ces hauteurs, à escarpements plus ou moins
abrupts, se prolongent au sud, en obliquant à l'est,
sur une étendue de vingt à vingt-deux kilomètres. A
leur pied ou sur leur pente occidentale et méridionale,
se trouvent successivement, en venant du nord, Castiglione, Solferino, San-Cassiano, Cavriana et Volta, ce
dernier village situé plus à l'est et au point où commence
la plaine qui sépare la Chiese et le Mincio.

La route de Brescia à Peschiera et le chemin de fer
de Milan à Vérone, passent au nord de ces hauteurs,
en longeant le lac de Garde. La première, qui se dirige
de l'ouest à l'est, traverse Lonato, Desenzano, Rivoltella. La route de Brescia à Mantoue, allant du nord-est

au sud-est, rencontre le pied de ces mamelons à Castiglione, puis, s'en écartant, traverse la plaine à deux à trois kilomètres de Solferino, Cavriana et Volta, se dirigeant sur Goito, où elle franchit le Mincio.

Aucune grande communication de l'est à l'ouest ne traverse ce pâté montueux, dont Pozzo-Lengo forme à peu près le centre.

L'armée alliée, en se dirigeant sur le Mincio, était donc obligée de suivre les deux routes de Peschiera et de Goito, sauf à occuper par un corps détaché l'espace tourmenté de dix-huit à vingt kilomètres qui les sépare.

Le 21 juin, l'Empereur et le roi de Sardaigne quittèrent Brescia, pour se porter en avant à la tête de leur armée, par les deux routes dont nous venons de parler. Le même jour, le quartier de l'empereur François-Joseph était transféré de Vérone à Villafranca, c'est-à-dire qu'il se rapprochait du Mincio, comme s'il eût eu l'intention d'en disputer le passage. Le 22, l'armée française passa la Chiese à Montechiaro; le 23, les souverains alliés entrèrent à Lonato, et poussèrent une reconnaissance jusqu'à Desenzano. Ces reconnaissances, comme celles des jours précédents, ne rencontrèrent que des patrouilles autrichiennes, qui se retiraient à leur approche.

On savait par les rapports des déserteurs et des prisonniers, peut-être par ceux des espions, que l'armée autrichienne, après avoir évacué la rive droite du Mincio, s'était reportée en avant dans la soirée du 23. Mais quelle était la force qui avait repassé la rivière, quels étaient exactement les points occupés par elle : c'est ce qu'on ne devait apprendre qu'en se heurtant contre cet obstacle vivant. Dans cette incertitude, dès qu'on ne voulait pas se laisser attaquer, on ne pouvait que marcher devant soi, en tenant les divers corps d'armée bien liés entre eux et prêts à se soutenir mutuellement, sauf à prendre, sur place, les déterminations qu'inspireraient les circonstances.

Les Piémontais devaient suivre la route de Peschiera, en détachant sur leur droite des troupes destinées à occuper Pozzo-Lengo, et établir ainsi la communication entre leur corps principal et l'armée française. Celle-ci, partie au petit jour, avançait par la route de Montechiaro à Goito et les chemins parallèles. Resserrée d'abord entre Carpenedolo et les hauteurs, elle devait se déployer à mesure qu'elle déboucherait dans la vaste plaine qui s'étend autour de Medole.

Le combat ne tarda pas à s'engager, car les Autrichiens occupaient déjà Castel-Goffredo, sur notre flanc droit, et les hauteurs en avant de Solferino, vis-à-vis notre gauche; puis il s'étendit successivement sur toute la ligne de Desenzano à Pozzo-Lengo pour les Piémontais, de Solferino par Medole jusqu'à Castel-Goffredo pour notre armée. Mais nous allons laisser la parole au bulletin officiel de la bataille de Solferino, bulletin qui fait saisir parfaitement la marche et les incidents principaux de cette grande lutte de seize heures.

BULLETIN DE LA BATAILLE DE SOLFERINO.

Quartier général de Cavriana, 28 juin 1859.

« Après la bataille de Magenta et le combat de Melegnano, l'ennemi avait précipité sa retraite sur le Mincio en abandonnant l'une après l'autre les lignes de l'Adda,

de l'Oglio et de la Chiese. On devait croire qu'il allait
concentrer toute sa résistance derrière le Mincio, et il
importait que l'armée alliée occupât le plus tôt possible
les points principaux des hauteurs qui s'étendent de
Lonato jusqu'à Volta, et qui forment au sud du lac de
Garde une agglomération de mamelons escarpés. Les
derniers rapports reçus par l'Empereur indiquaient, en
effet, que l'ennemi avait abandonné ces hauteurs et
s'était retiré derrière le fleuve.

« D'après l'ordre général donné par l'Empereur le
23 juin au soir, l'armée du roi devait se porter sur Pozzo-
Lengo, le maréchal Baraguay-d'Hilliers sur Solferino,
le maréchal duc de Magenta sur Cavriana, le général
Niel sur Guidizzolo, et le maréchal Canrobert sur Medole.
La garde impériale devait se diriger sur Castiglione, et
les deux divisions de cavalerie de la ligne devaient se
porter dans la plaine entre Solferino et Medole. Il avait
été décidé que les mouvements commenceraient à deux
heures du matin, afin d'éviter l'excessive chaleur du
jour.

« Cependant, dans la journée du 23, plusieurs détachements ennemis s'étaient montrés sur différents points,
et l'Empereur en avait reçu avis; mais, comme les Autrichiens ont l'habitude de multiplier les reconnaissances,
Sa Majesté ne vit dans ces démonstrations qu'un exemple
de plus du soin et de l'habileté qu'ils mettent à s'éclairer
et à se garder.

« Le 24 juin, dès cinq heures du matin, l'Empereur,
étant à Montechiaro, entendit le bruit du canon dans
la plaine, et se dirigea en toute hâte vers Castiglione,
où devait se réunir la garde impériale.

« Pendant la nuit, l'armée autrichienne, qui s'était
décidée à prendre l'offensive, avait passé le Mincio à

Goito, Valeggio, Monzambano et Peschiera, et elle
occupait de nouveau les positions qu'elle venait tout
récemment d'abandonner. C'était le résultat du plan
dont l'ennemi avait poursuivi l'exécution depuis Magenta, en se retirant successivement de Plaisance, de
Pizzighettone, de Crémone, d'Ancône, de Bologne et de
Ferrare; en évacuant, en un mot, toutes ses positions,
pour accumuler ses forces sur le Mincio. Il avait en
outre accru son armée de la plus grande partie des
troupes composant les garnisons de Vérone, de Mantoue
et de Peschiera; et c'est ainsi qu'il avait pu réunir
neuf corps d'armée, forts ensemble de 250 à 270,000
hommes, qui s'avançaient vers la Chiese, en couvrant
la plaine et les hauteurs.

« Cette force immense paraissait s'être partagée en
deux armées : celle de droite, d'après les notes trouvées
après la bataille sur un officier autrichien, devait s'emparer de Lonato et de Castiglione; celle de gauche
devait se porter sur Montechiaro. Les Autrichiens
croyaient que toute notre armée n'avait pas encore
passé la Chiese, et leur intention était de nous rejeter
sur la rive droite de cette rivière.

« Les deux armées, en marche l'une contre l'autre, se
rencontrèrent donc inopinément. A peine les maréchaux
Baraguay-d'Hilliers et de Mac-Mahon avaient-ils dépassé
Castiglione, qu'ils se trouvèrent en présence de forces
considérables qui leur disputèrent le terrain. Au même
instant le général Niel se heurtait contre l'ennemi à la
hauteur de Medole. L'armée du roi, en route pour Pozzo-
Lengo, rencontrait de même les Autrichiens en avant
de Rivoltella, et, de son côté, le maréchal Canrobert
trouvait le village de Castel-Goffredo occupé par la cavalerie ennemie.

« Tous les corps de l'armée alliée étant alors en marche à une assez grande distance les uns des autres, l'Empereur se préoccupa tout d'abord de les relier afin qu'ils pussent se soutenir mutuellement. A cet effet, Sa Majesté se porta immédiatement auprès du maréchal duc de Magenta, qui était à droite dans la plaine, et qui s'était déployé perpendiculairement à la route qui va de Castiglione à Goito.

« Comme le général Niel ne paraissait pas encore, Sa Majesté fit hâter la marche de la cavalerie de la garde impériale et la mit sous les ordres du duc de Magenta, comme réserve, pour opérer dans la plaine sur la droite du 2e corps. L'Empereur envoya en même temps au maréchal Canrobert l'ordre d'appuyer le général Niel autant que possible, tout en lui recommandant de se garder à droite contre un corps autrichien qui, d'après les avis donnés à Sa Majesté, devait se porter de Mantoue sur Azola.

« Ces dispositions prises, l'Empereur se rendit sur les hauteurs, au centre de la ligne de bataille, où le maréchal Baraguay-d'Hilliers, trop éloigné de l'armée sarde pour pouvoir se relier avec elle, avait à lutter, dans un terrain des plus difficiles, contre des troupes qui se renouvelaient sans cesse.

« Le maréchal était néanmoins arrivé jusqu'au pied de la colline abrupte au sommet de laquelle est bâti le village de Solferino, que défendaient des forces considérables, retranchées dans un vieux château et dans un grand cimetière, entourés l'un et l'autre de murs épais et crénelés.

« Le maréchal avait déjà perdu beaucoup de monde, et avait dû payer plus d'une fois de sa personne en por-

tant lui-même en avant les troupes des divisions Bazaine
et Ladmirault.

« Exténuées de fatigue et de chaleur, et exposées à
une vive fusillade, ces troupes ne gagnaient du terrain
qu'avec beaucoup de difficulté. En ce moment, l'Empereur donna l'ordre à la division Forey de s'avancer, une
brigade du côté de la plaine, l'autre sur la hauteur,
contre le village de Solferino, et la fit soutenir par la
division Camou, des voltigeurs de la garde. Il fit marcher avec ces troupes l'artillerie de la garde, qui, sous
la conduite du général de Sévelinges et du général Le-
bœuf, alla prendre position à découvert, à trois cents
mètres de l'ennemi. Cette manœuvre décida du succès
au centre.

« Pendant que la division Forey s'emparait du cimetière et que le général Bazaine lançait ses troupes dans
le village, les voltigeurs et les chasseurs de la garde
impériale grimpaient jusqu'au pied de la tour qui domine
le château et s'en emparaient. Les mamelons des collines
qui avoisinent Solferino étaient successivement enlevés,
et à trois heures et demie les Autrichiens évacuaient la
position sous le feu de notre artillerie couronnant les
crêtes, et laissaient entre nos mains 1,500 prisonniers,
14 canons et 2 drapeaux. La part de la garde impériale
dans ce glorieux trophée était de 13 canons et un drapeau.

« Pendant cette lutte et au plus fort du feu, quatre
colonnes autrichiennes, s'avançant entre l'armée du roi
et le corps du maréchal Baraguay-d'Hilliers, avaient
cherché à tourner la droite des Piémontais. Six pièces
d'artillerie, habilement dirigées par le général Forgeot,
avaient ouvert un feu très-vif sur le flanc de ces colonnes
et les avaient forcées à rebrousser chemin en désordre.

« Tandis que le corps du maréchal Baraguay-d'Hilliers soutenait la lutte à Solferino, le corps du duc de Magenta s'était déployé dans la plaine de Guidizzolo, en avant de la ferme Casa-Marino, et sa ligne de bataille, coupant la route de Mantoue, dirigeait sa droite vers Medole. A neuf heures du matin, il fut attaqué par une forte colonne autrichienne, précédée d'une nombreuse artillerie, qui vint se mettre en bataille à mille à douze cents mètres en avant de notre front.

« L'artillerie des deux premières divisions du 2e corps, s'avançant immédiatement sur la ligne des tirailleurs, ouvrit un feu très-vif contre le front des Autrichiens, et dans le même instant les batteries à cheval des divisions Desvaux et Partouneaux, se portant rapidement sur la droite, prirent d'écharpe les canons ennemis, qui furent ainsi réduits au silence et bientôt forcés à se reporter en arrière. Immédiatement après, les divisions Desvaux et Partouneaux chargèrent les Autrichiens, et leur firent 600 prisonniers.

« Cependant une colonne de deux régiments de cavalerie autrichienne avait cherché à tourner la gauche du 2e corps, et le duc de Magenta avait dirigé contre elle 6 escadrons de chasseurs. Trois charges heureuses de notre cavalerie repoussèrent celle de l'ennemi, qui laissa dans nos mains bon nombre d'hommes et de chevaux.

« A deux heures et demie, le duc de Magenta prit l'offensive à son tour, et donna au général de la Motte-Rouge l'ordre de se porter sur sa gauche, du côté de Solferino, pour enlever San-Cassiano et les autres positions occupées par l'ennemi.

« Le village fut tourné de deux côtés, et emporté avec une vigueur irrésistible par les tirailleurs algériens et par le 45e. Les tirailleurs furent lancés aussitôt après sur le contre-fort principal qui relie Cavriana à San-Cassiano, et qui était défendu par des forces considé-rables. Un premier mamelon, couronné par une espèce de redoute, tomba rapidement au pouvoir des tirail-leurs ; mais l'ennemi, par un vigoureux retour offensif, parvint à les en déloger. Ils s'en emparèrent de nou-veau avec l'aide du 45ᵉ et du 72ᵉ, et en furent repoussés une fois encore. Pour soutenir cette attaque, le général de la Motte-Rouge dut faire marcher sa brigade de ré-serve, et le duc de Magenta fit avancer son corps tout entier.

« En même temps l'Empereur donnait l'ordre à la brigade Manèque, des voltigeurs de la garde, appuyée par les grenadiers du général Mellinet, de se porter de Solferino contre Cavriana.

« L'ennemi ne put résister plus longtemps à cette double attaque, soutenue par le feu de l'artillerie de la garde, et vers cinq heures du soir les voltigeurs et les tirailleurs algériens entraient en même temps dans le village de Cavriana.

« En ce moment, une effroyable tempête, qui éclata sur les deux armées, obscurcit le ciel et suspendit la lutte ; mais, dès que l'orage eut cessé, nos troupes reprirent l'œuvre commencée, et chassèrent l'ennemi de toutes les hauteurs qui dominent le village. Bientôt après, le feu de l'artillerie de la garde changeait la retraite des Autrichiens en une fuite précipitée.

« Pendant cette affaire, les chasseurs à cheval de la garde, qui flanquaient la droite du duc de Magenta, eurent à charger la cavalerie autrichienne, qui menaçait de le tourner.

« A six heures et demie, l'ennemi battait en retraite dans toutes les directions.

« Mais, bien que la bataille fût gagnée au centre, où nos troupes n'avaient pas cessé de faire des progrès, la droite et la gauche restaient encore en arrière. Cependant les troupes du 4e corps avaient pris, elles aussi, une large et glorieuse part à la bataille de Solferino.

« Parties de Carpenedolo à trois heures du matin, elles se dirigeaient sur Medole, appuyées par la cavalerie des divisions Desvaux et Partouneaux, lorsque, à deux kilomètres en avant de Medole, les escadrons de chasseurs qui éclairaient la marche du corps rencontrèrent les hulans. Ils les chargèrent avec impétuosité, mais ils furent arrêtés par l'infanterie et l'artillerie ennemies qui défendaient le village. Le général de Luzy prit aussitôt ses dispositions d'attaque.

« Pendant qu'il faisait tourner Medole à droite et à gauche par deux colonnes, il s'avançait lui-même de front, précédé par son artillerie, qui canonnait le village. Cette attaque, exécutée avec une grande vigueur, eut un plein succès : à sept heures l'ennemi se retirait de Medole, et nous lui avions enlevé 2 canons et fait bon nombre de prisonniers.

« La division Vinoy, qui suivait la division de Luzy, se porta, au sortir de Medole, dans la direction d'une maison isolée, nommée Casanova, qui est située dans la plaine sur la route de Mantoue, à deux kilomètres de Guidizzolo. L'ennemi se trouvait en forces considérables de ce côté, et un combat acharné s'y engagea, pendant que la division de Luzy marchait vers Ceresara d'une part, et vers Rebecco de l'autre.

« En ce moment, l'ennemi tenta de tourner la gauche de la division Vinoy par l'intervalle que laissaient entre eux le 2e et le 4e corps ; il s'approcha jusqu'à deux cents mètres du front de nos troupes ; mais il fut alors arrêté par le feu de 42 pièces d'artillerie, dirigées par le général Soleille. Le canon de l'ennemi vint aussitôt prendre part à la lutte, et la soutint une grande partie de la journée, bien qu'avec une infériorité manifeste.

« La division de Failly arriva à son tour, et le général Niel, réservant la seconde brigade de cette division, porta la première entre Casanova et Robecco, vers le hameau de Baete, pour relier le général de Luzy au général Vinoy. Le but du général Niel était de se porter vers Guidizzolo dès que le duc de Magenta se serait emparé de Cavriana, et il espérait couper ainsi à l'ennemi la route de Volta à Goito ; mais il fallait, pour exécuter ce plan, que les troupes du corps du maréchal Canrobert vinssent remplacer à Rebecco celles du général de Luzy.

« Le 3ᵉ corps, parti de Mezzane à deux heures et demie du matin, avait passé la Chiese à Viseno et était arrivé à sept heures à Castel-Goffredo, petite ville enceinte de murs que la cavalerie de l'ennemi occupait encore. Tandis que le général Jannin tournait la position au sud, le général Renault l'abordait de front, faisant enfoncer la porte par les sapeurs du génie, et pénétrait dans la ville en chassant devant lui les cavaliers ennemis.

« Vers neuf heures du matin, la division Renault, arrivée à hauteur de Medole, se reliait sur sa gauche avec le général de Luzy, du côté de Ceresara, et sur sa droite faisait face à Castel-Goffredo, de manière à surveiller les mouvements du corps détaché dont le départ de Mantoue avait été annoncé.

« Cette appréhension paralysa pendant la plus grande partie du jour le corps d'armée du maréchal Canrobert,

qui ne jugea pas prudent de prêter tout d'abord au
4e corps l'appui que lui demandait le général Niel.

« Néanmoins, vers les trois heures de l'après-midi,
rassuré sur sa droite, et ayant jugé par lui-même la
position du général Niel, le maréchal Canrobert fit
appuyer la division Renault sur Rebecco, et donna
ordre au général Trochu de porter sa première brigade
entre Casanova et Baete, sur le point où se dirigeaient
les plus redoutables attaques de l'ennemi. Ce renfort de
troupes fraîches permit au général Niel de lancer dans
la direction de Guidizzolo une partie des divisions de
Luzy et de Failly. Cette colonne s'avança jusqu'aux premières maisons du village; mais, trouvant devant elle
des forces supérieures établies dans une bonne position,
elle fut contrainte de s'arrêter.

« Le général Trochu s'avança alors pour soutenir
l'attaque avec la brigade Bataille, de sa division. Il
marcha à l'ennemi par bataillons serrés, en échiquier,
l'aile droite en avant, avec autant d'ordre et de sang-
froid que sur un champ de manœuvres. Il enleva à
l'ennemi une compagnie d'infanterie et deux pièces de
canon, et déjà il était arrivé à demi-distance de la Casa-
Nova à Guidizzolo, lorsque éclata l'orage qui vint mettre
fin à cette terrible lutte, que le concours du 3e et du
4e corps menaçait de rendre si funeste à l'ennemi.

« Au milieu des péripéties de ce combat de douze
heures, la cavalerie a été d'un puissant secours pour
arrêter les efforts de l'ennemi du côté de Casanova.
A plusieurs reprises, les divisions Partouneaux et Desvaux ont chargé l'infanterie autrichienne et rompu ses
carrés. Mais c'est surtout notre nouvelle artillerie qui
produisit sur l'ennemi les effets les plus terribles. Ses
coups allaient l'atteindre à des distances d'où les plus

gros calibres étaient impuissants à riposter, et jonchaient la plaine de cadavres.

« Le 4ᵉ corps a enlevé aux Autrichiens un drapeau, 7 pièces de canon et 2,000 prisonniers.

« De son côté, l'armée du roi, placée à notre extrême gauche, avait eu également sa rude et belle journée.

« Elle s'avançait, forte de quatre divisions, dans la direction de Peschiera, de Pozzo-Lengo et de Madonna-della-Scoperta, lorsque, vers sept heures du matin, son avant-garde rencontra les avant-postes ennemis entre San-Martino et Pozzo-Lengo.

« Le combat s'engagea; mais de gros renforts autrichiens accoururent et firent reculer les Piémontais jusqu'en arrière de San-Martino, et menacèrent même de couper leur ligne de retraite. Une brigade de la division Mollard arriva alors en toute hâte sur le lieu du combat, et monta à l'assaut des hauteurs où l'ennemi venait de s'établir. Deux fois elle en atteignit le sommet en s'emparant de plusieurs pièces de canon, mais deux fois aussi elle dut céder au nombre et abandonner sa conquête.

« L'ennemi gagnait du terrain, malgré quelques charges brillantes de la cavalerie du roi, quand la division Cucchiari, débouchant sur le champ de bataille par la route de Rivoltella, vint soutenir le général Mollard. Les troupes sardes s'élancèrent une troisième fois sous un feu meurtrier : l'église et toutes les cassines de la droite furent emportées, et 8 pièces de canon furent enlevées : mais l'ennemi parvint encore à les dégager et à reprendre ses positions.

« En ce moment, la 2ᵉ brigade du général Cucchiari, qui s'était formée en colonne d'attaque à gauche de la route de Lugano, marcha contre l'église de San-Martino, regagna le terrain perdu, et emporta les hauteurs pour la quatrième fois, sans réussir cependant à s'y maintenir, car, écrasée par la mitraille et placée en face d'un ennemi qui, renforcé sans cesse, revenait sans cesse à la charge, elle ne put attendre le secours que lui apportait la 2ᵉ brigade du général Mollard; et les Piémontais, épuisés, firent retraite en bon ordre sur la route de Rivoltella.

« C'est alors que la brigade d'Aoste, de la division Fanti, qui s'était portée d'abord vers Solferino pour donner la main au maréchal Baraguay-d'Hilliers, fut envoyée par le roi pour appuyer les généraux Mollard et Cucchiari dans l'attaque de San-Martino. Elle fut un moment arrêtée par la tempête; mais, vers cinq heures du soir, cette brigade et la brigade Pignerol, soutenues par une forte artillerie, marchèrent à l'ennemi sous un feu terrible et atteignirent les hauteurs. Elles s'en emparèrent pied à pied, cassine par cassine, et parvinrent à s'y maintenir en combattant avec acharnement.

« L'ennemi commença à plier, et l'artillerie piémontaise, gagnant les crêtes, put bientôt les couronner de 24 pièces de canon, que les Autrichiens cherchèrent vainement à enlever. Deux brillantes charges de la cavalerie du roi les dispersèrent; la mitraille porta le désordre dans leurs rangs, et les troupes sardes restèrent enfin maîtresses des formidables positions que l'ennemi avait défendues, une journée entière, avec tant d'acharnement.

« D'un autre côté, la division Durando était restée aux prises avec les Autrichiens depuis cinq heures et demie du matin. A cette heure, son avant-garde avait rencontré l'ennemi à Madonna-della-Scoperta, et les troupes sardes y avaient soutenu jusqu'à midi les efforts d'un ennemi supérieur en nombre, qui les avait enfin

obligées à se replier ; mais, renforcées alors par la brigade de Savoie, elles reprirent l'offensive, et, repous-
sant les Autrichiens à leur tour, elles s'emparèrent de
Madonna-della-Scoperta.

« Après ce dernier succès, le général de la Marmora
dirigea la division Durando vers San–Martino, où
elle ne put arriver à temps pour concourir à la prise
de la position, car elle rencontra sur la route une
colonne autrichienne avec laquelle elle eut à lutter pour
s'ouvrir passage ; et quand elle eut triomphé de cet
obstacle, le village de San-Martino était au pouvoir des
Piémontais.

« Le général de la Marmora avait dirigé, d'autre part,
la brigade de Piémont, de la division Fanti, vers Pozzo-
Lengo. Cette brigade enleva avec une grande vigueur
les positions ennemies en avant du village, et, s'étant
rendue maîtresse de Pozzo-Lengo après une vive attaque,
elle repoussa les Autrichiens et les poursuivit jusqu'à
une certaine distance, en leur faisant essuyer de grandes
pertes.

Celles de l'armée sarde furent malheureusement très-
considérables, et ne s'élevèrent pas à moins de 49 officiers tués, 167 blessés, 642 sous-officiers et soldats
tués, 3,405 blessés, 1,258 hommes disparus ; total, 5,521
manquant à l'appel. Cinq pièces de canon étaient res-
tées aux mains de l'armée du roi comme trophée de
cette sanglante victoire, qu'elle avait remportée contre
un ennemi supérieur en nombre, dont les forces paraissent n'avoir pas été moindres de 12 brigades.

« Les pertes de l'armée française se sont élevées au
chiffre de 12,000 hommes de troupe tués ou blessés et
de 720 officiers hors de combat, dont 150 tués. Parmi
les blessés, on compte les généraux de Ladmirault,

Forey, Auger, Dieu et Douay; 7 colonels (1) et 6 lieu-tenants-colonels ont été tués.

« Quant aux pertes de l'armée autrichienne, elles n'ont pu être estimées encore, mais elles ont dû être très-considérables, à en juger par le nombre des morts et des blessés qu'ils ont abandonnés sur toute l'étendue du champ de bataille, qui n'a pas moins de cinq lieues de front. Ils ont laissé dans nos mains 30 pièces de canon, un grand nombre de caissons, 4 drapeaux et 6,000 prisonniers.

« La résistance que l'ennemi a opposée à nos troupes pendant seize heures peut s'expliquer par l'avantage que lui donnaient la supériorité du nombre et les positions presque inexpugnables qu'il occupait.

« Pour la première fois, d'ailleurs, les troupes autrichiennes combattaient sous les yeux de leur souverain, et la présence des deux Empereurs et du roi, en ren-

---

(1) Deux jours avant la bataille de Solferino, où il devait trouver une mort glorieuse, le colonel Laure annonçait dans les termes suivants à M. Ferrat, de Toulon, la mort de son fils, tué à Boffalora. Cette lettre, si noble et si chrétienne, fait sentir plus vivement encore la perte du vaillant chef des tirailleurs algériens.

« Cher Monsieur et pauvre père,

« Hélas! j'ai la profonde douleur de vous annoncer que votre cher
« enfant, l'un de mes meilleurs officiers, est mort en héros français et
« chrétien, emporté par un boulet autrichien, dans la matinée du
« 4 juin, vers midi, à l'attaque de gauche du village de Boffalora,
« quelques heures avant la bataille de Magenta.

« Pleurez, pleurez, pauvre père, votre perte est irréparable; mais
« n'oubliez point que les héros sont des martyrs dont la place est mar-
« quée au ciel près de Dieu, et qu'un jour vous retrouverez là votre
« cher enfant pour ne plus le quitter.

« Si votre immense douleur peut être adoucie par une sympathie
« digne d'elle, sachez que je pleure avec vous la mort de Ferrat, et que
« tout mon régiment vous offre l'assurance des mêmes sentiments.

« Agréez, etc.

« *Le colonel,*

« LAURE. »

dant la lutte plus acharnée, devait la rendre aussi plus décisive.

« L'empereur Napoléon n'a pas cessé un seul instant de diriger l'action, en se portant sur tous les points où ses troupes avaient à déployer les plus grands efforts et à triompher des obstacles les plus difficiles. A diverses reprises, les projectiles de l'ennemi ont frappé dans les rangs de l'état-major et de l'escorte qui suivaient Sa Majesté.

« A neuf heures du soir on entendait encore dans le lointain le bruit du canon qui précipitait la retraite de l'ennemi, et nos troupes allumaient les feux du bivouac sur le champ de bataille qu'elles avaient si glorieusement conquis.

« Le fruit de cette victoire est l'abandon par l'ennemi de toutes les positions qu'il avait préparées sur la rive droite du Mincio pour en disputer les approches.

« D'après les derniers renseignements reçus, l'armée autrichienne, découragée, semblerait même renoncer à défendre le passage de la rivière, et se retirerait sur Vérone. »

Le lendemain de la bataille, l'Empereur publia l'ordre du jour suivant :

« Au quartier général impérial de Cavriana, le 25 juin.

« SOLDATS!

« L'ennemi croyait nous surprendre et nous rejeter
« au delà de la Chiese ; c'est lui qui a repassé le Mincio.
« Vous avez dignement soutenu l'honneur de la
« France ; et la bataille de Solferino égale et dépasse .
« même les souvenirs de Lonato et de Castiglione.

« Pendant douze heures, vous avez repoussé les efforts
« désespérés de plus de 150,000 hommes. Ni la nom-
« breuse artillerie de l'ennemi, ni les positions formi-
« dables qu'il occupait sur une profondeur de trois
« lieues, ni la chaleur accablante n'ont arrêté votre
« élan.

« La patrie reconnaissante vous remercie, par ma
« bouche, de tant de persévérance et de courage ; mais
« elle pleure avec moi ceux qui sont morts au champ
« d'honneur.

« Nous avons pris 3 drapeaux, 30 canons et 6,000 pri-
« sonniers.

« L'armée sarde a lutté avec la même bravoure contre
« des forces supérieures ; elle est bien digne de marcher
« à vos côtés.

« Soldats ! tant de sang versé ne sera pas inutile pour
« la gloire de la France et pour le bonheur des peuples.

« NAPOLÉON. »

CHAPITRE XIII

Dépêche télégraphique de l'Empereur à l'Impératrice pour annoncer la victoire de Solferino. — Effet produit par cette nouvelle. — Faits saillants accomplis pendant cette bataille. — Les chasseurs de la garde. — 1er et 2e régiments de voltigeurs. — La cavalerie de la garde. — Encore la division Forey. — Rôle de l'artillerie à Solferino. — Courage et sang-froid de l'Empereur. — Dangers qu'il court. — Avantages qu'avaient les Autrichiens sur un terrain étudié depuis longtemps. — Leur armée se retire au delà du Mincio. — Le 26 juin, le corps d'armée du prince Napoléon fait sa jonction avec la grande armée. — Passage du Mincio par l'armée française. — Abandon de tous les points fortifiés par les Autrichiens. — L'armée sarde investit Peschiera. — Position de l'armée franco-sarde à la date du 7 juillet. — Suspension d'armes signée le 8 juillet. — Entrevue des deux Empereurs le 11 juillet. — Signature des préliminaires de la paix à Villafranca. — Détails curieux sur l'entrevue de Villafranca et sur les circonstances qui l'ont précédée. — Retour de l'Empereur à Paris. — Discours adressé par lui aux grands corps de l'État, et sa réponse au corps diplomatique.

Le lendemain de la bataille de Solferino, Paris fut réveillé au bruit du canon des Invalides annonçant cette nouvelle victoire, et bientôt on lut affichée sur les murs de la capitale la dépêche télégraphique suivante :

L'EMPEREUR A L'IMPÉRATRICE.

Cavriana, 24 juin, 9 heures $1/4$ du soir.

« Grande bataille et grande victoire !

« Toute l'armée autrichienne a donné.

« La ligne de bataille avait cinq lieues d'étendue.

Nous avons enlevé toutes les positions, pris beaucoup de
canons, de drapeaux et de prisonniers.

« Les autres détails sont impossibles pour le moment.

« La bataille a duré depuis quatre heures du matin
jusqu'à huit heures du soir. »

Cette dépêche, malgré sa brièveté, causa la plus vive
impression dans Paris et dans toute la France, où en
quelques heures elle fut répandue. Partout la grande
nouvelle fut saluée d'unanimes et sincères acclamations,
non-seulement parce qu'elle était regardée comme un
glorieux fleuron ajouté à notre couronne de gloire militaire, mais parce qu'on la considérait comme une action
décisive qui devait amener nécessairement la solution
du conflit engagé entre les parties belligérantes.

Nous regrettons que l'espace ne nous permette pas de
reproduire une foule de détails intéressants sur cette
bataille, la plus grande et la plus sanglante qui ait été
livrée depuis le premier empire. Le rapport que nous
avons publié dans le chapitre précédent ne laisse rien
à désirer sur l'ensemble de cette action si compliquée ;
mais que de faits intéressants, que d'épisodes drama-
tiques, que de scènes touchantes est-il forcé de passer
sous silence ! Ne pouvant nous-même suppléer à ce
silence, nous allons toutefois essayer de retracer quelques-uns des actes les plus saillants de ce grand drame
militaire.

Les chasseurs à pied de la garde, lancés par le brave
général de brigade Manèque, aujourd'hui général de
division, ont montré leur agilité proverbiale dans l'attaque des hauteurs qui entourent Solferino. Rien d'admirable comme l'élan avec lequel ils franchissent fossés

et ravins, escaladent des pentes escarpées, arrivent sur les hauteurs d'où l'ennemi les fusillait de haut en bas et à bout portant, chargent les Autrichiens à la baïonnette, les mettent en fuite, et leur enlèvent un drapeau et plusieurs pièces de canon.

Les 1er et 2e régiments de voltigeurs de la garde, sous les ordres du général Camou, ont eu la même mission à remplir que les chasseurs, et ils s'en sont acquittés avec un succès égal. Le terrain était tel, qu'il ne fallait pas seulement aux assaillants ce courage qui ne fait jamais défaut au soldat français, mais une intrépidité, une fougue extraordinaires. Tous, avec leur petite taille, ont été merveilleux d'agilité en même temps que de sang-froid. Chacun voulait vaincre, et apportait dans sa marche, dans la direction de ses coups, cette intelligence qui distingue éminemment et par-dessus tous le soldat français. Les officiers les guidaient, mais le soldat devinait et devançait en quelque sorte le commandement.

La cavalerie de la garde s'est fait remarquer par des charges d'un admirable ensemble et des plus meurtrières pour l'ennemi.

La division Forey, à qui était due la victoire de Montebello, ne s'est pas moins distinguée à Solferino. Elle a attaqué et enlevé un fort mamelon situé en avant de Solferino, avec le même entrain et le même courage qu'elle avait déployé dans la journée du 20 mai.

L'artillerie a joué un grand rôle dans la bataille de Solferino ; elle a décidé le combat et complété la déroute. C'était le premier essai qu'on faisait, en campagne et en grand, du canon rayé, et le succès a dépassé toutes les espérances. L'ennemi, placé à des distances considérables, se voyait atteint et ravagé par des boulets imprévus. Nos artilleurs qui les lançaient étaient tous hors de portée des canons autrichiens, dont ils voyaient les projectiles tomber sans force à cinquante pas devant eux. Cette sécurité favorisait singulièrement la justesse du tir ; et une fois parvenus sur les coteaux de Solferino, ils y étaient aussi à l'aise qu'au polygone de Vincennes.

Plusieurs batteries d'artillerie, placées sous les ordres du général Desvaux, ont arrêté vingt-cinq escadrons de cavalerie autrichienne au moment où ils allaient charger sur nous. En un instant, les boulets de nos batteries, éclatant au milieu des masses de cavalerie, y ont jeté un désordre tel, qu'ils ont été hors d'état de manœuvrer et forcés de battre en retraite.

Ce qu'a fait l'armée française dans la journée de Solferino tient presque du miracle. Il faut avoir vu les positions occupées par les Autrichiens pour juger de l'exactitude de cette assertion. Il a fallu déloger l'ennemi et son artillerie d'une trentaine de mamelons, les escalader quelquefois à pic, chasser de broussailles en broussailles, de touffe d'herbe en touffe d'herbe, des tirailleurs obstinés et inébranlables. Le mamelon des *Cyprès* fut pris et repris trois fois ; celui de *Montaldo* tint pendant cinq heures ; celui de *San-Cassiano* tomba en notre pouvoir par une surprise audacieuse d'un capitaine de chasseurs, et celui de *la Rocca* par un fait pareil du capitaine Lagorse, des voltigeurs. Il fallut bombarder les hauteurs de Cavriana ; chacune de ces proéminences de terrain devenait une citadelle, dont il fallait faire le siége. On gravissait un pic, du pic voisin les Autrichiens recommençaient la lutte ; il fallait les cerner et les égorger, ou les faire prisonniers.

Tout le monde, généraux, officiers et soldats, a partagé les émotions et les sentiments qu'a inspirés l'attitude de l'Empereur à la bataille de Solferino. Comme à Magenta, on ne se lassait pas d'admirer son sang-froid, son intrépidité calme, son geste impératif, un certain regard fulgurant qu'on ne lui avait jamais vu, et parfois de brèves et énergiques paroles qui électrisaient le soldat.

A Solferino, depuis huit heures du matin jusqu'à sept heures du soir, l'Empereur est resté exposé au feu de l'ennemi; un boulet est passé à quelques mètres au-dessus de sa tête. Le commandant Verly, des cent-gardes, placé à quelques pas derrière l'Empereur, a reçu en pleine cuirasse une balle qui a fait ricochet et est allée s'aplatir sur la cuirasse du capitaine qui se trouvait auprès de lui. Le baron Larrey a eu un cheval tué sous lui. Le cheval du capitaine Brady, officier d'ordonnance de Sa Majesté, et le cheval d'un cent-garde ont été blessés.

A Solferino, comme à Magenta, cet admirable sang-froid, cette insouciance du péril, ont encore augmenté l'élan irrésistible de notre armée. Dans ces deux circonstances le grand politique s'est montré grand capitaine. Le plan général de la campagne, cette sage lenteur, cette habile stratégie qui a conduit l'ennemi au point où il devait recevoir deux terribles leçons, la lucidité et la présence d'esprit dans les moments décisifs, voilà ce qui a révélé un tacticien de race et tout à fait à la hauteur de son nom.

L'Empereur resta à jeun la journée entière, et le soir il coucha dans les appartements occupés le matin par l'empereur François-Joseph. Celui-ci quitta l'armée sur le champ de bataille, en retraite, ayant les yeux remplis de larmes et le cœur navré. On raconte que le matin, en voyant cette armée si belle et si forte occupant des positions si formidables, il avait dit à son ami le comte Grünne : « Je les tiens enfin, ces Français! Voilà leur tombeau. Ce soir nous partirons pour Milan. » Dix heures après, cette armée écharpée cherchait en désordre un abri dans les camps retranchés des forteresses de Vérone et de Mantoue.

Chose remarquable! ce terrain sur lequel les Autrichiens ont été battus est le même qui, depuis quarante ans, leur sert de terrain d'école pour leurs manœuvres d'automne. Ce n'était point seulement la nature, c'étaient encore d'importants travaux qui devaient les défendre; c'était encore, disons-le hautement, car un tel aveu ne sert qu'à rehausser la valeur française, c'était le réel courage dont ils ont fait preuve et qui ne s'est point démenti jusqu'à la déroute.

Après leur sanglante défaite de Solferino, les Autrichiens renoncèrent à disputer le passage du Mincio à nos troupes, et se retirèrent au delà de ce fleuve. L'Empereur n'attendait plus, pour opérer ce mouvement, que la jonction du 5e corps, qui, comme nous l'avons dit, était en route depuis le 15. Le 23, l'état-major du prince Napoléon arrivait à Boscetto, le 24 à Fornovo, le 25 à Parme, et le lendemain le 5e corps était en ligne avec la grande armée, à laquelle il apportait un renfort de 40,000 hommes, dont 30,000 Français et 10,000 Toscans.

Dès le lendemain, 27 juin au matin, l'ordre fut transmis à tous les corps d'armée de se porter en avant. L'Empereur fit jeter plusieurs ponts sur le Mincio pour remplacer ceux que les Autrichiens avaient fait sauter dans leur retraite, et les premières divisions de notre armée commencèrent à défiler, musique en tête et tambour

battant. Pas un ennemi ne se montra sur l'autre
rive.

Le 29, l'Empereur transporta son quartier général à
Volta, et le 1er juillet à Valeggio, gros bourg situé sur la
rive droite du Mincio. En cet endroit, les Autrichiens
avaient brûlé un pont en bois, que nos pontonniers
eurent bientôt reconstruit sur ses anciens piliers, en
même temps qu'ils en jetaient un second sur bateaux.
Le passage de nos troupes sur ce point dura la moitié
de la journée. L'Empereur passa à dix heures, et arriva
à dix heures et demie à Valeggio.

Pendant ce temps-là, d'autres corps traversaient le
Mincio à Goito, à Monzambano et à Pozzolo. Le lendemain, l'armée française tout entière était concentrée
sur la rive gauche du Mincio; ses avant-postes campaient à Capo, à deux lieues de Vérone.

Partout l'ennemi avait disparu, laissant, tout le long
de la route, des travaux de défense abandonnés. Ce
pays, qui formait l'entrée du fameux quadrilatère, était
en effet admirablement préparé pour la défense; rien
n'avait été négligé pour favoriser une résistance énergique : épaulements pour les batteries dans les endroits
qui avaient vue sur les routes de la rive droite, palissades solides sur tous les points accessibles, ouvrages de
défense sur les points culminants, rien ne manquait à
ces travaux, sinon des défenseurs.

Vers le port de Goito particulièrement, l'armée autrichienne avait établi un système de fortifications parfaitement entendu, et qui aurait pu nous offrir de très-
grandes difficultés. En avant de Goito se trouve un immense parc de deux kilomètres de longueur, clos de
murs sur trois de ses faces, la quatrième fermée par la
rivière; toute cette longue muraille avait été crénelée à

13

un mètre d'intervalle entre chaque créneau, et un large fossé avait été creusé en avant. Au moyen de gros troncs d'arbres, on avait palissadé les deux entrées. Toutes les routes aboutissant à ce parc avaient été couvertes d'abatis merveilleusement tressés, et, pour compléter la défense, une tête de pont flanquée de deux maisons converties en forteresses gardait la route qui conduit à la rivière.

Nos soldats étaient émerveillés à la vue de ces positions si fortes, abandonnées si subitement, et en traversant tranquillement l'arme au bras cette rivière si bien gardée, ces chemins où ils auraient dû être accueillis par la mitraille et par les coups de fusil d'ennemis invisibles et tirant presque à coup sûr, ils ne pouvaient revenir de leur surprise. Quelques-uns croyaient d'abord à un piége, ne pouvant se figurer qu'on abandonnât sans résistance de pareilles positions, où une poignée de braves aurait suffi pour arrêter une armée; mais bientôt ils reconnurent la vérité, c'est-à-dire toute l'importance de la victoire de Solferino, et tout l'effet moral qu'elle avait produit sur l'armée ennemie; il fallait en effet que cette armée eût bien perdu de sa confiance en elle-même pour ne pas mettre à profit une situation qui ne lui laissait que peu de chances de pertes, et devait lui donner une supériorité marquée même sur un ennemi beaucoup plus nombreux qu'elle.

Les Sardes, qui tenaient la gauche de la ligne des armées alliées, furent chargés de l'investissement de Peschiera. Le corps d'armée du maréchal Baraguay-d'Hilliers, établi à Monzambano, fut chargé d'appuyer au besoin l'armée piémontaise.

Le roi Victor-Emmanuel fixa son quartier général à Rivoltella d'abord, puis à Ponti, sur le lac de Garde, à quelques kilomètres de Peschiera. Dès le 30 juin, les travaux d'investissement avaient commencé sur la rive gauche du Mincio, autour de cette place, déjà investie sur la droite. Le 5 juillet le parc de siége était établi, notamment des canons rayés du calibre de 12; les opérations se poursuivirent sérieusement les deux ou trois jours suivants, non-seulement sur les deux rives du fleuve, mais du côté du lac.

« Voici donc, à la date du 7 juillet, quelles étaient les positions occupées par les alliés : les Piémontais, appuyés par notre 1er corps, assiégeaient Peschiera; le 2e corps avait son quartier général à Monzambano; le 4e corps, à Villafranca, pour observer l'ennemi venant de Vérone; le 3e corps et la garde impériale à Valeggio; enfin le 5e corps était placé en arrière, à Goito, sur la rive droite du Mincio, pour observer Mantoue. Il était impossible, à coup sûr, d'avoir une ligne plus forte et une meilleure disposition pour forcer le quadrilatère.

« En outre, pour compléter cette admirable position stratégique, la légion des chasseurs des Alpes, commandée par le général Garibaldi, et la division du général Cialdini, manœuvraient dans le nord de la Lombardie de manière à fermer toute la vallée de l'Adige, à s'emparer du lac de Garde, et à isoler Vérone du Tyrol (1). Enfin une flotte française, sous les ordres de l'amiral Romain - Desfossés, bloquait tous les ports de l'Adriatique appartenant à l'Autriche, et se préparait à attaquer Venise avec une escadre de siége. »

Pendant que se faisaient tous ces préparatifs, et que notre armée s'étendait ainsi et s'établissait dans ses nouvelles positions, que devenait l'armée autrichienne?

(1) *Histoire illustrée de l'armée d'Italie*, p. 130.

Retranchée, disait-on, dans ses forteresses, concentrée surtout dans Vérone, elle était en proie à la démoralisation la plus complète. Ses avant-postes, placés sur la route de Villafranca, étaient à peine éloignés de deux kilomètres du quartier général. Les Autrichiens attendraient-ils patiemment notre marche sur Vérone, ou se décideraient-ils à venir nous présenter encore une bataille? Le matin du 7 juillet, on put croire un instant à un événement de cette nature. La veille on avait vu les avant-postes autrichiens s'étendre comme une ligne blanche très-développée dans la plaine derrière Villafranca. Le 7, de grand matin, toute l'armée française prit les armes, se préparant au combat; mais l'ennemi avait disparu, et nos soldats retournèrent tristement reprendre leurs cantonnements (1).

En même temps se produisait une péripétie inattendue qui changeait en un instant toute la face des choses. Le même jour, 7 juillet, l'Empereur adressait à l'Impératrice une dépêche télégraphique ainsi conçue :

« Une suspension d'armes est convenue entre l'empereur d'Autriche et moi.

« Des commissaires vont être nommés pour en assurer la durée et les clauses. »

La suspension d'armes fut signée le 8 juillet, à Villafranca, par les majors généraux des armées belligérantes : le maréchal Vaillant au nom de l'empereur des Français, le général della Rocca au nom du roi de Sardaigne, et le lieutenant feld-maréchal Hess au nom de l'empereur d'Autriche. Le terme en fut fixé au 15 août,

---

(1) *Histoire illustrée de l'armée d'Italie*, p. 130.

et on stipula que les bâtiments de commerce, sans distinction de pavillon, pourraient circuler librement dans l'Adriatique.

Une note officielle, publiée le 10 juillet, expliqua les circonstances dans lesquelles cet événement inattendu venait de se produire; elle était conçue en ces termes :

« Nous nous empressons de faire connaître dans quelles circonstances s'est produite la suspension d'armes qui vient d'être conclue entre l'empereur des Français et l'empereur d'Autriche.

« Des communications étaient échangées entre les trois grandes puissances neutres, en vue de se mettre d'accord pour offrir leur médiation aux belligérants. Le premier acte de cette médiation devait tendre à la conclusion d'un armistice; mais, malgré la rapidité des transmissions télégraphiques, l'entente à établir entre les cabinets ne permettait pas que ce résultat fût obtenu avant quelques jours. Cependant les hostilités de notre flotte contre Venise allaient s'ouvrir, et une nouvelle lutte de nos armées devant Vérone pouvait s'engager à tout instant.

« En présence de cette situation, l'Empereur, toujours fidèle aux sentiments de modération qui ont constamment dirigé sa politique, préoccupé d'ailleurs avant toute chose du soin de prévenir toute effusion de sang inutile, n'a pas hésité à s'assurer directement des dispositions de l'empereur François-Joseph, dans la pensée que, si ces dispositions étaient conformes aux siennes, c'était pour les deux souverains un devoir sacré de suspendre dès à présent des hostilités qui pouvaient devenir sans objet par le fait de la médiation.

« L'empereur d'Autriche ayant manifesté des inten-

tions analogues, des commissaires nommés de part et
d'autre se sont réunis pour arrêter les bases de l'armistice, qui a été définitivement conclu le 8 juillet, et dont
la durée a été fixée à cinq semaines. »

L'Empereur data de son quartier général de Valeggio,
le 10 juillet, l'ordre du jour suivant :

« SOLDATS,

« Une suspension d'armes a été conclue, le 8 juillet,
« entre les parties belligérantes, jusqu'au 15 août pro-
« chain. Cette trêve vous permet de vous reposer de
« vos glorieux travaux et de puiser, s'il le faut, de nou-
« velles forces pour continuer l'œuvre que vous avez
« si bravement inaugurée par votre courage et votre
« dévouement. Je retourne à Paris, et je laisse le com-
« mandement provisoire de mon armée au maréchal
« Vaillant, major général. Mais dès que l'heure des
« combats aura sonné, vous me reverrez au milieu de
« vous pour partager vos dangers. »

Une entrevue eut lieu le 11 juillet entre l'empereur
des Français et l'empereur d'Autriche; les deux souverains y arrêtèrent les bases de la paix, et Napoléon III
annonça immédiatement cette nouvelle à l'Impératrice
dans la dépêche suivante :

L'EMPEREUR A L'IMPÉRATRICE.

« La paix est signée entre l'empereur d'Autriche et
moi.

« Les bases de la paix sont :

« Confédération italienne sous la présidence honoraire du pape.

« L'empereur d'Autriche cède ses droits sur la Lombardie à l'empereur des Français, qui les remet au roi
de Sardaigne.

« L'empereur d'Autriche conserve la Vénétie, mais
elle fait partie intégrante de la confédération italienne

« Amnistie générale. »

Sa Majesté adressa en même temps à l'armée une proclamation qui est le plus significatif commentaire de la
paix qui venait d'être conclue si rapidement, au grand
étonnement de l'Europe :

« SOLDATS,

« Les bases de la paix sont arrêtées avec l'empereur
« d'Autriche; le but principal de la guerre est atteint,
« l'Italie va devenir pour la première fois une nation.
« Une confédération de tous les États de l'Italie, sous
« la présidence honoraire du Saint-Père, réunira en un
« faisceau les membres d'une même famille; la Vénétie
« reste, il est vrai, sous le sceptre de l'Autriche : elle
« sera néanmoins une province italienne faisant partie
« de la confédération.

« La réunion de la Lombardie au Piémont nous crée
« de ce côté des Alpes un allié puissant qui nous devra
« son indépendance; les gouvernements restés en dehors
« du mouvement ou rappelés dans leurs possessions
« comprendront la nécessité des réformes salutaires.
« Une amnistie générale fera disparaître les traces des
« discordes civiles. L'Italie, désormais maîtresse de ses
« destinées, n'aura plus qu'à s'en prendre à elle-même

« si elle ne progresse pas régulièrement dans l'ordre et
« la liberté.

« Vous allez bientôt retourner en France ; la patrie
« reconnaissante accueillera avec transport ces soldats
« qui ont porté si haut la gloire de nos armes à Mon-
« tebello, à Palestro, à Turbigo, à Magenta, à Mari-
« gnan et à Solferino ; qui en deux mois ont affranchi le
« Piémont et la Lombardie, et ne se sont arrêtés que
« parce que la lutte allait prendre des proportions qui
« n'étaient plus en rapport avec les intérêts que la
« France avait dans cette guerre formidable.

« Soyez donc fiers de vos succès, fiers des résultats
« obtenus, fiers surtout d'être les enfants bien-aimés
« de cette France qui sera toujours la grande nation,
« tant qu'elle aura un cœur pour comprendre les nobles
« causes, et des hommes comme vous pour les défendre.

« Au quartier impérial de Valeggio, le 12 juillet
1859. »

A côté des documents officiels que nous venons de
reproduire d'après le *Moniteur*, nous croyons devoir
ajouter quelques détails sur l'entrevue si importante
de Villafranca, et sur les circonstances qui l'ont précédée.

Les premiers pourparlers qui établirent des rapports
de courtoisie entre les deux souverains furent relatifs à
des échanges de prisonniers, à des restitutions de dépouilles demandées de part et d'autre, et qui commencèrent à préparer les voies à des ouvertures plus importantes.

On sait que, pendant toute la durée de la guerre,
Napoléon III avait ordonné que les blessés autrichiens

fussent traités avec la plus grande humanité, et qu'aussitôt après leur guérison ils fussent renvoyés à leurs familles. Ces procédés avaient vivement impressionné le jeune empereur d'Autriche, et le décidèrent à faire demander au camp français, après la bataille de Solferino, s'il ne serait pas possible de retrouver et de rendre les tristes restes du prince Windischgraetz, tué dans cette bataille. L'empereur Napoléon s'empressa de faire rechercher le corps, qui fut reconnu à un reste d'uniforme et à des lettres de la jeune femme que ce prince infortuné avait épousée tout récemment. Ces lamentables dépouilles furent déposées avec honneur dans une voiture d'artillerie, et conduites par un officier d'état-major accompagné d'une escorte au quartier général autrichien. L'empereur d'Autriche envoya le lendemain le fils du général Urban en parlementaire auprès de Napoléon pour le remercier de ses généreux procédés.

Ces relations ayant fait connaître à l'empereur Napoléon les dispositions dans lesquelles se trouvait l'empereur François-Joseph, il fit appeler, vers sept heures du soir, le général Fleury, son aide de camp, et lui dit, en présence du roi de Piémont : « Mon cher général, j'ai besoin dans ce moment d'un militaire diplomate ; il me faut un homme doux, conciliant et aimable ; j'ai pensé à vous. Voici une lettre que j'adresse à l'empereur d'Autriche ; vous allez la porter à Vérone. Lisez-la, pénétrez-vous de son esprit ; je demande une suspension d'armes : il faut que l'empereur François-Joseph l'accepte. Je compte sur votre intelligence pour développer les idées qui sont en germe dans cette lettre. » Puis il lui donna quelques explications qui reçurent l'approbation du roi de Sardaigne, et le général partit pour Vérone, accompagné de son aide de camp.

Les difficultés pour traverser les avant-postes ne lui permirent d'entrer à Vérone qu'à dix heures et demie du soir. L'empereur d'Autriche était couché, et dormait profondément ; mais quand l'aide de camp de service apprit que le général Fleury apportait une lettre de l'empereur des Français, on alla réveiller l'Empereur. Il s'habilla à la hâte, puis le général Fleury fut introduit. En lisant la lettre de Napoléon, la surprise et l'émotion se peignirent sur la figure de Sa Majesté.

« Votre communication est fort grave, dit-il, et tellement grave, que j'ai besoin de réfléchir. Restez ici jusqu'à demain ; à huit heures je vous donnerai la réponse. — Je suis aux ordres de Votre Majesté, reprit le général Fleury ; je lui demande néanmoins la permission de lui soumettre quelques considérations qui expliqueront à Votre Majesté la démarche de l'Empereur. » Le général Fleury prit alors la parole, et fit valoir toutes les considérations qui devaient l'engager à accepter la proposition qui lui était faite : le voisinage de deux armées qui allait rendre un conflit imminent, la médiation qui arriverait trop tard ; il le prévint de la formidable attaque qui se préparait contre Venise.

« Les considérations que vous me faites valoir sont justes, reprit François-Joseph ; je vais y penser, et demain matin vous aurez ma réponse. » Il fit déloger son grand écuyer pour mettre le général Fleury dans son appartement. A huit heures le général fut introduit : l'empereur d'Autriche eut encore avec lui une conversation très-longue, puis il passa dans une pièce voisine et lui remit sa réponse.

Trois heures après, le général Fleury était de retour auprès de l'Empereur, et, vers deux heures, un parle-

mentaire autrichien se présentait aux portes de Valeggio.
Quand il eut remis à l'Empereur le message dont il était
chargé, il fut invité à la table du major général, et reprit
le même soir la route de Vérone.

Pendant ce temps, un conseil de guerre était réuni
dans la casa Maffei. L'Empereur avait convoqué le roi
de Sardaigne, le prince Napoléon, les maréchaux chefs
de corps. C'est à l'issue de ce conseil de guerre que la
suspension d'armes fut décidée. Le duc de Cadore,
envoyé à Vérone, acheva de régler les conditions de
l'armistice, et, le 8 juillet, le maréchal Vaillant et le
général de Martimprey, suivis d'une nombreuse escorte,
se rendirent à Villafranca, afin d'arrêter avec les généraux autrichiens les détails d'exécution de la suspension
d'armes. Nous croyons inutile de reproduire le texte de
ce document, dont nous avons déjà indiqué sommaire-
ment les principales dispositions.

Aussitôt après la signature de la suspension d'armes,
le quartier général fut transporté de Valeggio à Desenzano, petite ville charmante, admirablement située sur
le lac de Garde. Mais l'Empereur n'y passa qu'une seule
journée, employée à visiter les chaloupes canonnières
montées pour le siége de Peschiera. Le 10 juillet, il revint à Valeggio pour se rendre de là à Villafranca, où
devait avoir lieu son entrevue avec l'empereur d'Autriche.

Voici, tel que le rapportent des témoins oculaires,
le récit circonstancié de cette journée solennelle.

Le 11 juillet, à huit heures un quart, Napoléon partit
de Valeggio. C'était à neuf heures que l'entrevue devait
avoir lieu. Sa Majesté était accompagnée du maréchal
Vaillant, du général de Martimprey, et de toute sa
maison militaire; elle était escortée d'un escadron des

cent-gardes et d'un escadron de guides en grande tenue. L'Empereur était seul en avant, monté sur un magnifique cheval anglais bai-brun. A neuf heures précises, ce magnifique cortége débouchait au grand trot sur la grande place de Villafranca.

Au même instant, un officier d'ordonnance arrivait au galop du côté de la porte de Vérone, et prévenait l'empereur Napoléon que l'empereur François-Joseph n'était plus qu'à une petite distance de la ville. Aussitôt le cortége repartit au trot, et dépassa Villafranca d'un kilomètre.

C'est là que les deux empereurs se rencontrèrent, sur une route poudreuse, en plein soleil, au milieu de cette même plaine où ils devaient quelques jours auparavant se livrer bataille.

Les cortéges s'arrêtèrent à une distance d'environ cinquante mètres l'un de l'autre, et les deux souverains s'avancèrent seuls. Ils se saluèrent d'abord de loin, l'empereur d'Autriche faisant le salut militaire, la main ouverte au képi; l'empereur Napoléon ôtant son képi à la manière française; puis, ce double salut échangé, les chevaux s'étant approchés, Napoléon III tendit la main à François-Joseph, qui la saisit et la serra cordialement. Ils causèrent alors pendant quelques minutes, puis tournèrent bride, et se dirigèrent vers Villafranca; le cortége français s'ouvrit pour laisser passer les deux souverains.

François-Joseph était accompagné de M. le feld-maréchal baron de Hess et de ses officiers d'ordonnance. Il portait un uniforme de général de cavalerie en petite tenue, composé d'une petite jaquette bleu de ciel et d'un pantalon de casimir de la même couleur. Il n'avait ni cordons ni croix. L'héritier des Habsbourg a tous les traits qui caractérisent sa race ; le nez aquilin , la lèvre saillante, l'œil bleu, le regard énergique , rendu plus énergique encore par la longueur des cils et l'épaisseur des sourcils. Il paraissait vivement ému.

Le feld-maréchal Hess était à la suite de son souve-rain , où le retenaient les devoirs de sa position de major général. Le vieux feld-maréchal, très-vert encore pour son âge, portait l'uniforme et tous les insignes de son grade.

Un escadron de gardes nobles et un escadron de uhlans formaient l'escorte de l'empereur d'Autriche. Les deux cortéges prirent la route de Villafranca dans l'ordre suivant :

Les deux empereurs marchaient les premiers, l'em-pereur Napoléon ayant la droite ; les deux états-majors confondus, le maréchal Vaillant à côté du général Hess et causant avec lui. Les gardes nobles autrichiens ve-naient ensuite ; ils étaient suivis des cent-gardes et des guides : les uhlans fermaient la marche.

Une maison avait été préparée à Villafranca pour rece-voir les deux souverains, celle de M. Carlo Gaudini Morelli , située dans la rue principale de la ville, et dans laquelle l'empereur d'Autriche avait déjà passé une nuit avant la bataille de Solferino. Cette maison est simple ; elle a une façade très-ordinaire, et dans l'intérieur un ameublement confortable , mais sans luxe. La pièce prin-cipale est un salon peint à fresque, dans lequel devait avoir lieu la conférence des deux empereurs.

Arrivées à la casa Gaudini, Leurs Majestés mirent pied à terre. Les gardes nobles se rangèrent à droite dans le vestibule, et les cent-gardes à gauche. Les deux souverains entrèrent seuls alors dans le salon , laissant le maréchal Vaillant et le général Hess dans une pièce du vestibule, mêlés aux officiers de la suite de Leurs Majestés.

L'entretien dura un peu plus d'une heure. Personne n'y assista, et, dans la maison comme dans la ville, c'était un silence solennel. Toutes les conversations étaient suspendues, tout le monde était en proie à une émotion indicible. On sentait que la question de la paix ou de la guerre, qui depuis six mois tenait l'Europe entière en émoi, s'agitait dans cette entrevue.

Au bout d'une heure dix minutes environ, les deux souverains sortirent du salon, et se présentèrent mutuellement et nominativement tous les officiers de leur état-major; puis, sortant de la maison, ils se dirigèrent à pied vers le régiment de uhlans qui avait servi d'escorte à l'empereur d'Autriche, et le passèrent en revue. Ils firent de même pour l'escadron des cent-gardes et l'escadron des guides, dont la belle et martiale tenue sembla frapper vivement l'empereur François-Joseph.

Les deux souverains remontèrent ensuite à cheval, et l'empereur d'Autriche voulut accompagner l'empereur des Français en dehors de Villafranca, sur la route de Valeggio. Après avoir marché ainsi pendant quatre à cinq cents mètres environ, les deux souverains se séparèrent, l'un reprenant la route de Villafranca, l'autre celle de Valeggio.

Napoléon mit, quelques instants après, son cheval au galop, et à onze heures et demie il rentrait à la casa Maffei, à Valeggio. Le jour même il adressait à l'Impératrice cette dépêche que nous avons rapportée plus haut, annonçant la conclusion de la paix, et qui eut en France et en Europe un si grand retentissement.

L'entrevue de Villafranca avait été trop courte pour qu'il fût possible d'écrire ce qui avait été convenu entre les deux souverains. Le texte de la convention fut donc rédigé dans la journée; dans l'après-midi, le prince Napoléon, mandé par l'Empereur, fut envoyé à Vérone; il revint le soir même, vers dix heures, au quartier général, porteur du traité de paix provisoire, que François-Joseph avait déjà signé.

L'Empereur quitta l'armée d'Italie le 14 juillet, et arriva le 17 à Paris.

Dans sa proclamation du 12 juillet, nous avons vu que l'Empereur avait donné à ses soldats le commentaire le plus significatif du traité de Villafranca. Il en a donné encore un plus complet et plus explicite dans le discours qu'il a adressé le 19 juillet aux grands corps de l'État, admis à lui présenter leurs félicitations, et dans la réponse qu'il a faite au corps diplomatique dans la même circonstance. Voici d'abord le discours de l'Empereur aux grands corps de l'État :

« MESSIEURS,

« En me retrouvant au milieu de vous, qui, pendant
« mon absence, avez entouré l'Impératrice et mon
« fils de tant de dévouement, j'éprouve le besoin de
« vous remercier d'abord, et ensuite de vous exprimer
« quel a été le mobile de ma conduite.

« Lorsque, après une heureuse campagne de deux
« mois, les armées française et sarde arrivèrent sous les
« murs de Vérone, la lutte allait inévitablement chan-
« ger de nature, tant sous le rapport militaire que sous
« le rapport politique. J'étais fatalement obligé d'atta-
« quer de front un ennemi retranché derrière de grandes

« forteresses, protégé contre toute diversion sur ses
« flancs par la neutralité des territoires qui l'entou-
« raient, et, en commençant la longue et stérile guerre
« des siéges, je trouvais en face l'Europe en armes,
« prête soit à disputer nos succès, soit à aggraver nos
« revers.

« Néanmoins la difficulté de l'entreprise n'aurait ni
« ébranlé ma résolution, ni arrêté l'élan de mon armée,
« si les moyens n'eussent pas été hors de proportion
« avec les résultats à attendre. Il fallait se résoudre à
« briser hardiment les entraves opposées par les terri-
« toires neutres, et alors accepter la lutte sur le Rhin
« comme sur l'Adige. Il fallait partout franchement
« se fortifier du concours de la révolution. Il fallait
« répandre encore un sang précieux qui n'avait que
« trop coulé déjà : en un mot, pour triompher, il
« fallait risquer ce qu'il n'est permis à un souverain
« de mettre en jeu que pour l'indépendance de son
« pays.

« Si je me suis arrêté, ce n'est donc pas par lassitude
« ou par épuisement, ni par abandon de la noble cause
« que je voulais servir, mais parce que dans mon cœur
« quelque chose parlait plus haut encore : l'intérêt de
« la France.

« Croyez-vous donc qu'il ne m'en ait pas coûté de
« mettre un frein à l'ardeur de ces soldats qui, exaltés
« par la victoire, ne demandaient qu'à marcher en
« avant?

« Croyez-vous qu'il ne m'en ait pas coûté de
« retrancher ouvertement devant l'Europe de mon
« programme le territoire qui s'étend du Mincio à
« l'Adriatique?

« Croyez-vous qu'il ne m'en ait pas coûté de voir dans

« les cœurs honnêtes de nobles illusions se détruire,
« de patriotiques espérances s'évanouir ?

« Pour servir l'indépendance italienne, j'ai fait la
« guerre contre le gré de l'Europe; dès que les desti-
« nées de mon pays ont pu être en péril, j'ai fait la
« paix.

« Est-ce à dire maintenant que nos efforts et nos
« sacrifices aient été en pure perte? Non. Ainsi que je
« l'ai dit dans les adieux à mes soldats, nous avons droit
« d'être fiers de cette courte campagne. En quatre com-
« bats et deux batailles, une armée nombreuse, qui ne
« le cède à aucune en organisation et en bravoure, a
« été vaincue. Le roi de Piémont, appelé jadis le gar-
« dien des Alpes, a vu son pays délivré de l'invasion et
« la frontière de ses États portée du Tessin au Mincio.
« L'idée d'une nationalité italienne est admise par ceux
« qui la combattaient le plus. Tous les souverains de la
« péninsule comprennent enfin le besoin impérieux de
« réformes salutaires.

« Ainsi, après avoir donné une nouvelle preuve de
« la puissance militaire de la France, la paix que je
« viens de conclure sera féconde en heureux résultats ;
« l'avenir les révèlera chaque jour davantage, pour le
« bonheur de l'Italie, l'influence de la France, le re-
« pos de l'Europe. »

Quand le corps diplomatique a offert, par la bouche
de S. Em. Mgr le nonce, ses félicitations à l'Empereur
au sujet de la conclusion de la paix, Sa Majesté a répondu :

« L'Europe a été en général si injuste envers moi au
« début de la guerre, que j'ai été heureux de pouvoir

14

« conclure la paix dès que l'honneur et les intérêts de
« la France ont été satisfaits, et de prouver qu'il ne
« pouvait entrer dans mes intentions de bouleverser
« l'Europe et de susciter une guerre générale. J'es-
« père qu'aujourd'hui toutes les causes de dissentiment
« s'évanouiront, et que la paix sera de longue durée.
« Je remercie le corps diplomatique de ses félicita-
« tions. »

CHAPITRE XIV

Nous aurions pu terminer au chapitre précédent notre histoire de la guerre d'Italie de 1859, puisque nous étions arrivés à la conclusion de la paix qui a couronné cette courte et glorieuse campagne. Mais nous croyons avoir encore un devoir à remplir, c'est de parler des vertus et des qualités remarquables de cette brave armée, dont nous avons suivi avec tant d'intérêt les fatigues, les dangers et les succès; c'est enfin de raconter sa dernière étape et sa rentrée triomphale au sein de la patrie.

Quand nous disons que nous voulons parler des qualités et des vertus de nos soldats, on a déjà compris qu'il ne s'agissait pas de faire l'éloge de leur courage intrépide, de leur élan irrésistible à l'attaque, de leur admirable entrain, de leur dévouement à l'honneur et à la patrie ; tout cela nous l'avons peint suffisamment dans le récit des combats qu'ils ont eu à livrer, des fatigues qu'ils ont eu à supporter ; et d'ailleurs ces qualités ont été de tous les temps celles du soldat français ; mais il en est une qui a été trop peu remarquée, et qui cependant distingue éminemment notre jeune armée : nous voulons parler de son esprit religieux et de sa piété.

Sans doute il y a dans l'armée, comme dans la société, beaucoup de sceptiques et d'impies ; mais il y en a proportionnellement beaucoup moins que dans la société civile ; et cela se conçoit. La grande majorité de nos soldats se compose d'honnêtes et laborieux habitants des campagnes, qui conservent sous l'uniforme les sentiments religieux dans lesquels ils ont été élevés. Puis ils rencontrent souvent dans leurs chefs, même dans ceux qui sont le plus élevés en grade, des exemples de piété qui les encouragent à persévérer. Mais c'est par des faits plutôt que par des réflexions que nous voulons prouver ce que nous avançons ici. Ces faits abondent tellement, que, si nous voulions les recueillir tous, un volume plus considérable que celui-ci ne pourrait pas suffire à les rapporter ; nous sommes donc forcé, non pas de faire un choix, mais de recueillir un peu au hasard ceux qui nous tombent en quelque sorte sous la main.

Pendant sa marche vers l'Italie, l'armée eut souvent occasion d'édifier les populations des localités qu'elle traversait. A Saint-Jean-de-Maurienne, en Savoie, par où passèrent le 4ᵉ corps d'armée et une partie du 3ᵉ, « la population, écrivait un témoin oculaire, accueillait nos soldats avec amour, les entourait de marques de respect et cherchait à leur être utile... Les habitants admiraient leur bonne tenue, leur honnêteté, leur discipline irréprochable, et aussi, disons-le bien vite, la piété réelle chez plusieurs d'entre eux, le respect pour la religion chez tous.

« En me parlant des sentiments religieux de nos braves soldats, continue le même correspondant, un vieillard de Saint-Jean-de-Maurienne qui se souvenait du passage des armées françaises dans ce pays en 1793, me disait : « Quelle différence, Monsieur, entre vos « militaires d'aujourd'hui et ceux d'il y a soixante-six « ans! Ceux de ce temps-là brisaient tout, et ne croyaient « ni à Dieu ni au diable. Ceux d'aujourd'hui, au con- « traire, sont doux comme des agneaux. Ce sont de « petits saints. On dirait vraiment que ce n'est plus la « même nation.

« — Oh! que si, mon brave homme, c'est toujours « la même nation! Seulement nos soldats d'autrefois, « qui ont laissé dans votre esprit un si mauvais sou- « venir, subissaient comme malgré eux l'irrésistible im- « pulsion d'une époque de crise effroyable, une époque « de gloire et de tempêtes. Mais il y a une chose qu'on « retrouve chez les soldats français de tous les temps, « c'est la bravoure; et vous allez voir l'armée d'Italie « de 1859 marcher triomphalement sur les traces de « l'armée d'Italie de la fin du siècle dernier. » Le bon Savoisien a été parfaitement d'accord avec moi sur ce point, qui n'a pas tardé à se vérifier, et je ne lui ai pas donné tort sur l'autre. »

Voici un extrait de notes communiquées au même correspondant par un habitant de Saint-Jean-de-Mau-rienne sur le même sujet.

« Les soldats français ont gagné toutes les sympathies des habitants de notre pays par leurs manières franches, leur honnêteté, leur aménité, leur entrain, et surtout par l'esprit religieux qui paraît les animer.

« Nos montagnards descendent en foule dans la vallée pour les voir. Ils les saluent avec respect, leur prennent les mains, et les *piou-piou* s'amusent tant qu'ils peuvent avec les petits ramoneurs, qui commencent à revenir de France.

« Le 14 mai, 12,000 troupiers ont couché à Saint-Jean-de-Maurienne. Nous en avons logé tant que nous avons pu. Monseigneur en a logé plus de 2,000 dans une église, après avoir fait transporter dans un autre sanctuaire le saint Sacrement.... Tous ont également payé jusqu'au dernier litre de vin qu'ils ont acheté...

« L'esprit religieux des soldats français éclate partout. Il est d'autant plus remarqué qu'il contraste avec ce petit esprit impie qui s'est malheureusement glissé dans les rangs d'autres soldats autour de nous. Tous les militaires français saluent nos prêtres avec respect. Ils recherchent les médailles de la sainte Vierge. Ils en demandent dans les sacristies, dans les maisons particulières; ils en demandent aux ecclésiastiques qu'ils rencontrent.

« L'autre jour un artilleur, voyant venir le frère directeur de l'école normale, lui dit : « Bonjour, cher « frère, n'auriez-vous pas une médaille à m'offrir? J'ai « eu la maladresse de perdre celle que ma mère m'avait « donnée en quittant le Dauphiné, et je voudrais la « remplacer. — Tenez, mon brave, voilà la mienne, « dit le *cher frère* en ôtant la médaille qu'il portait à son « cou et en la présentant à l'artilleur. — Bon, reprit le « troupier, merci; il me semble maintenant que j'aurai « plus de cœur à taper sur les Autrichiens. »

« M. Laporte, secrétaire de l'évêché de Saint-Jean-de-Maurienne, se voyant accosté par plusieurs militaires qui lui demandaient des médailles, courut au palais, en remplit ses poches et en distribua vingt-huit douzaines. On a compté à l'évêché que, depuis vingt jours, plus de vingt mille médailles de la sainte Vierge ont été données aux soldats français qui ont traversé notre ville. Tous les soirs, avant l'appel, ils assistent en grand nombre dans la cathédrale au *Mois de Marie*, et ils chantent avec tout le monde.

« Au village d'Argentine, une dizaine de prêtres étaient venus pour y voir un régiment récemment arrivé. « Bonjour, Messieurs, dit le colonel aux ecclé-« siastiques, priez Dieu pour nous tous, et n'oubliez pas « le colonel du 43e. » A Modane, des prêtres s'appro-chèrent de la voiture du maréchal Canrobert pour le voir de plus près et lui adresser quelques paroles res-pectueuses. Le maréchal descendit de sa voiture et s'en-tretint avec eux quelques instants. Il leur dit tout haut : « Priez Dieu pour l'armée française, Messieurs; priez « aussi un peu pour moi. » Ces paroles produisirent je ne sais quelle étrange sensation parmi quelques jeunes gens qui étaient là. Un seul regard de l'illustre maré-chal réduisit au silence ces esprits forts... (1) »

L'*Armonia*, journal de Gênes, publie une lettre inté-ressante, qui lui est adressée par un ecclésiastique ita-lien, sur les sentiments religieux de nos soldats. Nous extrayons de cette lettre les passages suivants :

« Me trouvant à Gênes au moment du débarquement des premiers soldats français, dans la soirée du 27 avril, j'entrai en conversation avec quelques-uns d'entre eux, et l'un me dit : « Vous êtes prêtre, n'est-ce pas? — Oui, « lui répondis-je. — Comprenez-vous le français? — « Oui. — Eh bien, ajouta-t-il, j'aurais une affaire à traiter

(1) Voir l'*Ami de la Religion* des 22 et 23 mai 1859.

« avec vous. — A votre service, s'il est possible. — Je
« voudrais faire ma confession générale et recevoir la
« communion avant d'aller à la guerre. Ce n'est pas que
« j'aie peur, croyez-le bien; je ne manque pas de cou-
« rage; mais je peux rester tout comme un autre sur le
« champ de bataille, et je veux me préparer avant de
« paraître devant Dieu. »

« En le félicitant d'une si bonne et si sainte résolution, je lui exprimai mon vif regret de ne pouvoir me
rendre à ses désirs, étant étranger au diocèse et obligé
de partir le lendemain. Mais nous convînmes à l'instant
et sur sa demande, avec un autre ecclésiastique, qu'il
se trouverait le lendemain à une heure fixée dans une
église paroissiale voisine.

« Ce militaire, qui de temps en temps parlait assez
bien l'italien, était, m'a-t-il dit, bachelier ès sciences et
ès lettres de l'université de Paris.

« J'ai su également du curé de la paroisse où il devait
accomplir ses devoirs religieux, que beaucoup de soldats s'étaient déjà approchés des sacrements, et que
l'église avait été à cet effet fournie de plusieurs ecclésiastiques parlant français.

« Je puis ajouter qu'en visitant ces jours derniers les
magnifiques églises de Gênes, j'y ai rencontré beaucoup
de soldats français, et même des *turcos*, qui les visitaient
avec beaucoup de respect et de dévotion, montrant en
particulier une déférence spéciale pour les prêtres,
comme font aussi tous ceux qui sont à Turin.

« Un officier avec qui je m'entretenais et qui avait
déjà combattu à Rome en 1849, me dit, entre autres
choses, que la France était allée à Rome pour rétablir
le Saint-Père sur son trône, et qu'elle l'y maintiendrait.

« Parmi les officiers et les militaires qui sont à Turin,

j'en ai vu beaucoup qui portaient sur leur poitrine la médaille de la sainte Vierge et qui la montraient avec plaisir, heureux d'être placés sous sa sainte protection. »

Les sentiments religieux de nos soldats se font voir parfois d'une manière aussi naïve que touchante. Il y a quelque temps un régiment, avant de quitter Lille pour se rendre à l'armée d'Italie, voulut assister à la messe. Un caporal vint trouver le célébrant au moment où celui-ci allait se diriger vers l'autel. « Monsieur l'abbé, lui dit-il, quand j'étais jeune, je servais bien la messe ; aujourd'hui j'en ai un peu perdu l'habitude ; mais voilà deux soldats qui connaissent encore leur affaire et qui vous serviront la messe *au nom de tout le régiment.* »

Sur 1,000 soldats partants, 950 ont demandé ce jour-là la médaille de la sainte Vierge.

Nous avons déjà vu que souvent, en Italie, on était obligé de loger une partie des troupes dans les églises. Les soldats à qui ce logement était attribué s'y comportaient toujours avec une décence admirable. Quelquefois une partie de l'édifice, le chœur ou une chapelle, était réservée au culte, et n'était séparée que par une simple barrière de l'emplacement réservé aux militaires. Ceux-ci, pendant les offices, observaient un silence religieux, quand ils n'y prenaient pas une part directe, ou que les exigences du service les forçaient de se livrer à d'autres occupations. Quelquefois aussi ils mêlaient leurs voix aux hymnes sacrés. Un curé disait un jour à un officier français : « Je n'ai jamais entendu chanter le *Magnificat* avec plus d'ensemble, plus d'ampleur, de vibration profonde que dans mon église, l'autre soir, par 1,000 à 1,200 de vos soldats. »

Mais c'est surtout quand ils étaient blessés ou ma-

lades que les soldats français faisaient éclater les sentiments de piété qui les animaient. Nous pourrions sous
ce rapport fournir une quantité considérable de documents intéressants ; nous nous contenterons de reproduire les deux lettres suivantes de deux aumôniers atta-
chés aux hôpitaux de l'armée.

Dans la première, écrite de Gênes par un aumônier
à la supérieure d'une communauté de Lyon, cet ecclésiastique, après avoir parlé des cinq hôpitaux qu'il est
obligé de desservir et des difficultés qu'il éprouve par
suite du nombre des malades, et des distances qui
séparent les hospices, s'exprime ainsi en parlant des
soldats : « Ces pauvres enfants m'ont tous reçu à bras
ouverts ; en entrant dans chaque salle j'étais salué par
ces mots : « Ah ! voilà enfin un prêtre de chez nous, et
« pour nous ! »

« Oh ! si vous les voyiez à moitié mutilés, privés
d'un bras ou d'une jambe, défigurés par les boulets ou
les balles, ils vous feraient pleurer ; ils sont admirables
de résignation à la volonté de Dieu !... Quelle consolation pour moi ! Ils m'appellent tous en particulier pour
se confesser, mais il m'est impossible d'y suffire. Je crois
que si je continue ainsi, je ne pourrai pas aller bien
loin... A la garde de Dieu ! Mais laissons cela ; me voici
au fait : demandez, suppliez, arrangez-vous comme
vous voudrez, mais il me faut des livres de lecture pour
les jambes coupées et les convalescents, livres de piété,
chapelets, médailles, images, etc., cela presse. Au
nom de nos pauvres soldats couchés sur le lit de douleurs ; au nom du bon Dieu, il le faut, nous sommes
dénués de tout, point de sœurs !

. . . .

« J'attends ce paquet avec la plus grande impatience ;

chaque jour plus de mille soldats me font ces demandes. »

L'autre lettre est plus intéressante encore, surtout
en ce qu'elle offre de renseignements utiles aux sceptiques et aux esprits forts, qui douteraient encore de
la piété dont est animée l'armée française ; elle est écrite
par un prêtre français servant en volontaire dans les
hôpitaux de l'armée d'Italie.

« ..... Depuis un mois, j'ai parlé peut-être à 6,000
malades ; je puis l'assurer, je n'ai pas entendu un seul
blasphème, une seule parole inconvenante. J'ai trouvé
dans nos soldats, au sein de cuisantes douleurs, une
grande dignité mariée à une jovialité dont le soldat
français a seul le secret. Dans tous les hôpitaux, il m'est
arrivé de convoquer les convalescents au milieu de la
cour au son du clairon. Là, ils ont entonné *Esprit saint*
avec un admirable entrain. Là, monté sur un banc ou
une table, j'ai pu promener mes regards sur un cercle
immense de héros mutilés. Eh bien, tous ces sublimes
écloppés, dont la plupart portaient une ou deux balles
autrichiennes dans leur blague, dont plusieurs ont leur
mâchoire dans leur porte-monnaie, pleuraient comme
des enfants quand je leur enseignais l'art de faire un
cœur de martyr avec un cœur de héros !

« J'en ai confessé un très-grand nombre, et il n'en
sortirait peut-être pas un seul de l'hôpital sans avoir
réglé ses comptes, si nous avions une chapelle dans
chaque établissement. Quand je vais leur dire la messe
le dimanche, il y a des malades qui se font descendre,
pour y assister, sur le dos de leurs camarades. Avant-
hier un turco musulman m'ayant témoigné le désir de se
faire chrétien, deux zouaves se sont offerts à lui ensei-
gner le catéchisme. Vous auriez ri et pleuré en voyant

avec quelle bonne volonté comique ils lui expliquaient la chose. Je suis occupé maintenant à instruire un jeune Bernois protestant de la légion étrangère. Il a eu le bras traversé de deux balles à Magenta. Je recevrai son abjuration dimanche ; il aura pour parrain un zouave qui a perdu un bras au même combat.

« Quand j'arrive dans un hôpital avec quelques paquets de cigares, je m'approche d'un blessé quelconque, je lui cause du bon Dieu, puis, tout haut, je raconte les nouvelles les plus récentes... Tous mes loustics en entendant parler de Vérone se lèvent, mettent leurs pantalons, accourent, forment un cercle... Peu à peu j'arrive en glissant tout doucement à des chapitres plus utiles ; sans en avoir l'air, je finis par trouver le moyen de réfuter leurs préjugés ; et tous de s'écrier : « C'est pour- « tant vrai ! » Parfois il s'en trouve un qui veut faire le malin, et me dit : « Monsieur le curé, je vous avoue « que je ne suis pas bigot ; moi, je ne crois qu'à ce que « je vois... » Le cercle attentif se demande comment je vais me tirer de là.

« Je pourrais répondre par un beau chapitre de Pascal, mais le zouave aime le chemin le plus court ; je dis donc à mes philosophes : « Mes amis, croyez-vous à vos boyaux ? « — Si j'y crois ! Parbleu, fallait bien y croire avant-hier, « que j'avais une colique du diable ! — Les avez-vous « vus ? — Oh ! pour le coup me voilà flambé... » Et les autres camarades de s'écrier : « Camarade, vois-tu, t'es « une bête, faut pas s'y frotter avec notre aumônier, « c'est un zouave du bon Dieu. »

« Il y a des zouaves qui savent tout faire. Dernièrement en visitant les blessés de Melegnano, qui campent sous la tente dans le jardin du collége national, un de ces braves me fit le récit du combat qu'il vient de terminer. Ce récit, *en vers de dix-huit pieds*, contenait des pensées sublimes, à côté de mauvais calembours.

« Comme vous le voyez, cher ami, je vous raconte simplement ce que je vois, ce que j'entends; je n'exagère rien, je ne fais pas de rhétorique. Je puis m'abuser, mais je suis fou de nos soldats. Pas un ne se plaint. On parle des anachorètes! Mais toute notre armée d'Italie est une armée de 200,000 anachorètes qui souffrent tous sans murmurer. Il leur faudrait pour être des saints deux choses : l'état de grâce et la pureté d'intention. Eh bien, croyez-le bien, il y en a beaucoup qui en sont là.

«- Si le sensualisme peuple l'enfer, c'est l'austérité qui peuple le ciel. Pour beaucoup, si la guerre n'est pas la vertu, elle la prépare.

« Je suis ici avec le père Parabère, enchanté de ses procédés. »

Deux jours après le départ de l'Empereur, l'armée commença, le 16 juillet, à sortir de ses cantonnements pour opérer son mouvement de retour. La garde impériale fut dirigée sur Milan. Le 1ᵉʳ corps la suivit à quelques jours d'intervalle. Les autres corps furent envoyés dans diverses directions. 50,000 hommes restèrent en Italie, sous les ordres du maréchal Vaillant, pour former une armée dite d'occupation. Le reste rentra en France. La garde impériale tout entière, et une division de chacun des quatre premiers corps de l'armée, formant en tout environ 80,000 hommes, furent dirigés sur Paris, de manière à être tous arrivés sous les murs de cette ville pour y faire leur entrée le 14 août.

Un camp immense avait été établi dans la plaine qui

s'étend du pied de la forteresse de Vincennes jusqu'à Saint-Maur, pour recevoir l'infanterie, et un autre à Maisons-Alfort, pour loger la cavalerie et l'artillerie. L'emplacement que devait occuper chaque division, chaque brigade, chaque régiment, avait été tracé d'avance. A mesure que chaque détachement arrivait, il était conduit à la place qui lui était destinée, et en quelques minutes les armes étaient rangées en faisceaux, les tentes-abris dressées, et le bataillon ou le régiment se trouvait installé comme par enchantement.

Pendant un peu plus d'une semaine qu'a duré l'établissement du camp de Saint-Maur, il a été le but de promenade de tous les Parisiens, avides de contempler un spectacle si nouveau pour eux, avides surtout de visiter ces braves soldats au teint bronzé par le soleil d'Italie, aux vêtements *usés par la victoire*, et portant souvent les traces de la mitraille ou des balles ennemies. On s'arrêtait surtout avec émotion devant ces drapeaux déchirés, troués par les boulets, et dont quelques-uns ne présentent plus que des lambeaux pendant à un reste de hampe.

Nous n'avons pas l'intention, et d'ailleurs l'espace nous manquerait pour cela, de décrire dans tous ses détails le curieux tableau qu'a offert le camp de Saint-Maur dans les journées qui ont précédé les fêtes du 14 et du 15, ni de raconter une foule de scènes intéressantes, burlesques ou touchantes, qui s'y sont passées. Nous nous bornerons à dire que l'ordre le plus parfait n'a cessé de régner, et que nos soldats se sont montrés pleins de convenance et de politesse envers leurs nombreux et parfois indiscrets visiteurs. Nous citerons seulement un touchant épisode qui a eu lieu au bivouac du 2ᵉ régiment de zouaves, la veille de l'entrée de l'armée à Paris, et au moment où la foule des visiteurs encombrait le camp plus encore que les jours précédents.

Un digne curé des environs de Paris, M. X..., avait débuté dans la vie par la carrière militaire. En 1842, il était zouave en Afrique, et il s'était signalé parmi les plus braves. Ayant quitté le service, il était entré dans les ordres. Lors de la guerre de Crimée, il demanda et obtint d'accompagner, comme aumônier, son ancien régiment. On le désignait sous le nom du zouave curé.

Hier il vint visiter le camp. A peine arrivé au quartier des zouaves, il fut reconnu, entouré, accueilli par les démonstrations de la plus vive et de la plus respectueuse amitié.

« Venez voir notre drapeau, s'écria un vieux sergent, vous le bénirez, ça lui portera bonheur. »

Le vénérable ecclésiastique fut en effet conduit devant le drapeau, dont il ne reste plus que de glorieux lambeaux ; il s'agenouilla ; puis, après une courte prière, il embrassa l'étendard en l'arrosant de larmes que lui arrachait l'émotion.

Les zouaves étaient silencieux, recueillis.

« Je reconnais, dit l'abbé X..., beaucoup d'entre vous que j'ai vus en Crimée, mais je n'en vois pas d'anciens, de ceux qui étaient avec moi en Afrique.

— Ils sont tous morts au champ d'honneur, en Italie. Le dernier a été tué à Solferino, fut-il répondu.

— Allons, mes enfants, une prière pour eux, ajouta le curé. »

Et autour du drapeau, planté sur un tertre, tous ces braves soldats donnèrent un pieux souvenir à leurs compagnons d'armes morts glorieusement.

Enfin le grand jour du triomphe est arrivé. Paris s'est paré avec une magnificence extraordinaire pour recevoir la victorieuse armée d'Italie. De la barrière du Trône à la place de la Bastille, et de cette place tout le long des boulevards jusqu'à la place Vendôme, ce ne sont que maisons pavoisées, mâts vénitiens soutenant des guirlandes de fleurs, arcs de triomphe, transparents, étendards, courtines de riches étoffes, banderoles revêtant de haut en bas les façades des maisons et des hôtels. La place Vendôme offrait une splendide et admirable décoration. Elle était entourée d'un immense amphithéâtre contenant plus de vingt mille spectateurs. Aux fenêtres étaient suspendus des tapis de velours cramoisi à franges d'or. On avait tiré un excellent parti des frontons et de l'ornementation architecturale des édifices qui entourent la place, et qui sont dessinés dans un style uniforme. Ainsi toute la ligne supérieure des corniches et des toits avait été symétriquement ornée de faisceaux de drapeaux et d'aigles dorés alternant avec des médaillons aux initiales de l'Empereur.

Un riche pavillon cramoisi et or, supporté par des lances dorées, s'élevait au-dessus d'une tribune conçue dans le style des constructions de la place. Cette tribune était réservée à l'Impératrice et à la famille impériale.

A en juger par l'affluence qui n'avait cessé les jours précédents d'encombrer du matin au soir le camp de Saint-Maur, on pouvait déjà prévoir le spectacle que présenterait Paris le jour de cette solennité militaire. On évalue à six cent mille au moins le nombre des personnes accourues pour y assister des départements et de l'étranger.

Sur tout le parcours du défilé l'affluence était incal-

culable; de la barrière du Trône à la place Vendôme,
les chaussées latérales étaient encombrées de monde.
Sur les échafaudages, aux fenêtres, aux balcons, jusque
sur les toits, entre les cheminées, fourmillaient les têtes
avides de voir. Le faîte des maisons était aussi peuplé
que la rue. Des spectateurs intrépides, faute de meil-
leures places, sont restés plongés dans le bassin du
Château-d'Eau, trempés jusqu'à la ceinture.

Quand au milieu de cette pompe et de cette foule le
défilé de l'armée a commencé, il y a eu une explosion de
cris, de bravos, de pluies de fleurs et de couronnes que
nous renonçons à décrire. Cette magnifique journée,
dont le bulletin remplira une des plus brillantes pages
de l'histoire de Paris, a gravé un souvenir ineffaçable
dans deux millions de cœurs au moins, qui ont montré
combien était intime et désormais indissoluble l'union
du peuple et de l'armée, du corps et de l'âme de la
nation. Le même élan, la même joie, le même sentiment
de légitime orgueil animait cette foule compacte. Tout
citoyen se sentait soldat, chaque soldat se voyait citoyen,
et les étrangers, mêlés par milliers à la population,
partageaient eux-mêmes son exaltation.

L'espace ne nous permettrait pas de donner une description exacte et détaillée de la cérémonie du 14 août,
description que d'ailleurs on trouvera dans tous les journaux de l'époque. Nous allons seulement dire en quelques
mots ce que nous avons vu nous-même, et ce qui nous
a le plus impressionné.

Nous avons vu la place Vendôme transformée, comme
nous l'avons dit, en amphithéâtre magnifique, pavoisée,
enguirlandée de feuillages, resplendissante d'or, de toi-
lettes, de soleil et d'enthousiasme.

Nous avons vu l'Impératrice, et le prince impérial en

15

uniforme de grenadier, la cour tout entière, sur le balcon improvisé devant le ministère de la justice; l'Empereur arrivant du camp de Saint-Maur, à cheval en tête de la garde, immobile pendant six heures, sous un soleil dévorant et plus tard sous une pluie battante, devant les troupes qui défilaient devant lui.

Puis l'armée marchant en tenue de campagne; les zouaves hardis avec leur petit chien couronné de fleurs; les noirs turcos, redoutables auxiliaires de notre gloire, épouvantail de l'ennemi; les grenadiers inébranlables; la ligne impétueuse et modeste, type éternel du caractère guerrier de la France, intrépide et infatigable. Nous avons vu les drapeaux autrichiens présentés avec pompe à l'Empereur, découvert devant eux, par les soldats mêmes qui les ont enlevés à l'ennemi. Puis nos drapeaux déchirés dans les luttes, noircis par la poudre, rougis par le sang.

Nous avons vu les fleurs et les bouquets pleuvoir de toutes parts sur les pas des blessés, au milieu des soldats portant tous un bouquet à la pointe de leurs baïonnettes.

Pendant six heures nous avons entendu vingt à trente mille voix porter aux nues les noms de l'Empereur, de Baraguay-d'Hilliers, de Mac-Mahon, de Canrobert, de Niel et de tous les corps de l'armée. Nous avons entendu des soldats qui avaient marché sous le feu à côté de Napoléon III crier en défilant devant lui : « Vive l'Empereur! c'est un brave. »

Ajoutons enfin que dans cette journée tout s'est passé dans l'ordre le plus parfait. Trois millions cinq cent mille hommes, un dixième de la France, étaient dans Paris le 14 août; eh bien, il n'y a eu ni accident ni désordre, comme on aurait pu le craindre au milieu

d'une si grande agglomération; nulle part même on n'a
vu de joies désordonnées; nulle part on n'a entendu
de ces élans d'orgueil et de jactance qu'un patriotisme
mesquin inspire dans l'enivrement de la victoire. Tous
les visages respiraient la satisfaction d'un devoir glorieusement accompli, et l'on semblait y lire cette pensée:
si la France a tant fait pour un peuple ami, que ne
ferait-elle pas pour son indépendance?

FIN.

TABLE

—o✸o—

CHAPITRE II

CHAPITRE III

CHAPITRE IV

CHAPITRE V

CHAPITRE VI

CHAPITRE VII

CHAPITRE VIII

CHAPITRE IX

CHAPITRE XII

CHAPITRE XIII

CHAPITRE XIV

www.ingramcontent.com/pod-product-compliance
Lightning Source LLC
Chambersburg PA
CBHW070815270326
41927CB00010B/2425